8 大心理原則 ×4 步驟話術 ×7 大禁區……
掌握人際溝通原理，直球對決也可以很得體！

鄭小四 著

秒回溝通法
搞定 99%的人際囧境

The Instant Reply Communication Method

怎麼說話才能不踩到地雷？怎麼在幾句話間就贏得信任？
心理暗示、情境模擬、共鳴技巧……
高效對話練習法，讓你「直球溝通」零失誤！
全方位解析溝通攻略，開口定勝負的高情商對話公式！

目錄

前言

你不是低情商，而是不會說話

生活中，你是否也有過這樣的經歷：與人交談，總是莫名其妙地碰釘子、被打擊；和人來往，總是或明或暗地受排擠、被疏遠。許多人總喜歡將自己社交失敗、人際關係差的原因概括為情商低。事實上，真正導致你在人際關係中受挫的原因不是情商低，而是不會說話！

試想一下，當你在與他人交談時，總是不假思索，說出令人尷尬的話，別人又怎麼會喜歡你呢？當你在勸慰他人時，明明是一片好心，卻觸碰了別人的禁忌和傷疤，別人又怎麼會感激你呢？當你在請人幫忙時，總是直來直往，不懂委婉說話的技巧，別人又怎麼會心甘情願地幫你呢？當你在向他人提出建議的時候，總是雞蛋裡挑骨頭，不顧及別人的面子，別人又怎麼會虛心接受你的建議呢？

其實，在生活中，我們大多數時候都是敗在了說話上，而並非能力上。誠如美國成功學大師戴爾·卡內基（Dale Carnegie）所言：「當今社會，一個人的成功，僅有一小部分取決於專業知識，而大部分取決於口才的藝術。」我們每天都在說話，但並非人人都會說話。語言是溝通的橋梁，具有獨特的魅力和無窮的力量，可以四兩撥千斤、化干戈為玉帛，也可以造成尷尬、引起糾紛、丟失面子。嘴巴一張一合之間，決定的往往是一個人、一件事的成敗。

說話是一種技巧、一種藝術，更是一門攻心的學問，它體現一個人的品格、修養、才學和心智，它是人與人之間交流思想、溝通感情、融洽關係、增進友誼的基礎，它能幫助我們營造良好的人際關係，讓我們在社交中更受歡迎。

當然，沒有人生來便能擁有爐火純青、登峰造極的說話能力。想要成為高情商的說話高手，就需要在平時的工作、生活中多練習一些說話的方法，多累積一些說話的技巧。

本書以好好說話為主題，多面向、多視角、多層次地闡述了說話的原理、步驟、禁區、要點、技巧、方法和挑戰，語言通俗，案例詳實，實用性高，簡單易學，輕鬆有趣，旨在透過貼近生活的案例和精練的論述，幫助讀者解決說話難題、掌握說話技巧、提升溝通能力。

希望透過此書，你能夠領悟到語言的智慧與力量，從羞於開口到把話說得精采又巧妙，成為高情商的說話高手和社交能手！

第一章

說話前先懂心理學：
8 個高情商溝通原則

在說話時，學會洞悉對方的心理狀態至關重要，它可以為良好的溝通打下基礎，讓我們更容易掌握說話的主動權，在人際來往中占據主導地位。從我們嘴巴裡說出來的話，若是想要一針見血、直指人心，想要達到效果、夠精采，就必須從心理學的角度入手，用「心」去說。

善解人意：要麼是他喜歡，要麼是為他好

高情商的人心裡第一個想到的都是別人，而不是自己，既然是為對方著想，那麼在日常交流中自然就會站在對方的角度，從對方的利益出發，換句話說，就是投其所好。

一般情況下，人們說話時都習慣站在自己的立場，用自己的方式來說話，所以經常會被拒絕或被誤會。如果我們在說話前能仔細地揣摩對方的心理需求，掌握對方的喜好，然後投其所好，用有利於對方的措辭來說話，那麼在交流時就能達到事半功倍的效果。

我們日常交流的目的就是為了增進彼此之間的感情，讓彼此的關係更融洽。而投其所好可以幫助我們達成這一目的，可以說，它是最重要的說話技巧之一。

那麼，我們在說話時怎樣才能投其所好呢？具體可以從以下幾個方面切入：

◎說話前先揣摩對方的心思，再開口

當你在買衣服時，正好喜歡的款式只剩一件了，這時，如果店員說：「您好，這件裙子只剩這一件了。」那麼，你可能會想：只有一件了？那肯定是別人挑剩下的，沒有新的可選了，這一件好多人都試穿過，算了，不買了。

但如果店員說：「您的眼光真好，這件裙子是店裡賣最好的，補貨好幾次了，這是最後一件了。」那麼你可能會想：看來我眼光還不錯，還好來得及時，不然就沒有了。

你看，店員透過仔細揣摩客戶的心理狀態後，就能在說話時投其所好，那麼交易自然就達成了。

◎人都喜歡美好的事物

在某個飛亞洲線的航班上，由於華人乘客較多，中餐最受歡迎，已經所剩不多了，可是還有許多乘客沒有拿到午餐，怎麼辦呢？

如果是平時，空服員肯定會詢問乘客，是選擇中餐？還是西餐？如果乘客選擇了中餐，卻沒有辦法提供，那麼勢必會引起不必要的麻煩。

於是，空姐換了一種方式對乘客說：「我們有以優質香草和精緻黑胡椒嫩煎的鮭魚排套餐，以及一般的便當，您選擇哪一種呢？」

空姐把西餐描述得特別精緻可口，而中餐卻只是輕輕帶過，結果，後面的乘客大多都選擇了西餐。

空姐就是抓住了人們都喜歡美好事物的心態，用投其所好的方式解決了午餐難題。

◎換句話說，為他好

有一家公司是專門為汽車廠商供應導航系統，可是汽車廠商每次都會把價格壓得很低，今年更過分，直接要求降價 3%。如果同意汽車廠商的要求，那麼公司將沒有多少利潤可言，可如果不同意，那麼就徹底失去了合作的機會。

這家公司的總經理很想改變這種狀況，就想，如果我們生產一些高階的產品與汽車廠商合作，是不是利潤會高一些呢？

於是總經理就跟汽車廠商說：「我們以後可以合作一些高階的導航系統。」

結果可想而知，這個建議直接被汽車廠商拒絕了。總經理回去後，記取失敗的教訓，換了一種說法：「為了提升車款的特色和賣點，我們可以為你們公司的汽車做訂製款導航系統，不知道您有沒有興趣？」

結果，汽車廠商立刻就同意了，說他們也正準備訂製一款旗艦產品，這與他們的想法不謀而合。

同樣的內容，只要換一種說法，投其所好，結果就完全不一樣了。

常言道「話不投機半句多」，可見說話是有講究的。千人有千面，每個面孔下都有一顆難以窺見的心，都有自己獨特的喜好，因此，每個人感興趣的話題也不盡相同。如果我們在交流時能尊重對方的喜好，適時投其所好，就可以把話說到對方的心坎上，從而拉近彼此間的距離。

選擇的自由：給他選項，讓他去選

給予他人選擇的自由，是一種高超的說話技巧。「選擇的自由」是我們說話時可以利用的一個重要心理原則，運用好的關鍵在於給出兩個巧妙的選項，讓對方無論怎樣選擇，都是我們想要的。由於我們給了對方選擇的自由，對方不會有被強迫的感覺，也更願意為自己的選擇負責。所以，無論是在工作中，還是在日常生活中，我們說話時都要善用「選擇的自由」這個原則，給出選項，讓對方去選。

先來看一個案例：

小芳工作的餐廳為了提高利潤，決定要推出飯後甜點。在客人用餐完畢後，服務生一般都會這樣詢問：「您要不要來一份甜點？」聽到服務生這樣問，客人如果喜歡甜點就會再點一份，如果不喜歡就會婉言謝絕。這樣過了一個月以後，餐廳飯後甜點的銷售額並沒有顯著提升。

身為餐廳經理的小芳思考著該如何提升甜點的銷售額，於是她對所有的服務生進行了話術培訓。當服務生們再次推銷飯後甜點時，他們是這樣說的：

「我們餐廳最近推出了新甜品，有草莓牛奶布丁和抹茶蛋糕，您喜歡哪一種？」客人們聽到這樣的提問後，往往會下意識地選擇其中一個。這樣一來，甜點的點單率大大提高。

從上面餐廳的例子中我們可以看出：想運用好「選擇的自由」心理原則，關鍵在於巧妙設定選項。其實，「草莓牛奶布丁」和「抹茶蛋糕」這兩個選項中，客人無論選哪個，餐廳都達到了目的。再設想一下，如果把兩個選項換成原本就熱賣的「菊花茶」和新品「抹茶蛋糕」，一定會有相當一部分人會選擇「菊花茶」，那麼甜點的銷量就無法提升了。

雖然，我們設定的選項限制了對方的選擇，但他也不會產生多少被強迫的感覺，因為說到底，「選擇的自由」就是讓對方自己做出選擇，而不是我們強迫他選擇。所以我們在說話時要給對方選擇的自由，讓對方有自己做決定的感覺。

說到這裡，我們再來看一下下文中的小鄭是怎麼做的。

在一家公司做人事專員的小鄭最近感到十分苦惱。每月十五號公司都會在當天下班後辦茶會，在茶會上分送小禮品，維繫員工之間的感情。但是最近幾個月參與的人數越來越少，主管交代了小鄭一個任務，必須保證茶會的出席率達到 90%。

茶會的前幾天，小鄭傳訊息給公司全體同仁：「請全體同仁準時出席本週五 17：00 舉行的茶會，收到請回覆。」但是訊息傳完後，回覆參與的人只有 70%左右，到了茶會當天，依然有很多人沒來。

為了完成主管交代的任務，小鄭必須改變方法，她想到既然每次茶會都會發小禮品，為什麼不讓大家自己提前選呢？於是她再次傳訊息：「公司茶會將在本週舉行，有兩種小禮品供大家選擇：保溫杯和行動電源，茶會當天現場領取。」訊息傳完後，小鄭發現之前從來不參加的人傳了訊息給她：「我要保溫杯。」

茶會當天，公司同仁基本上都到齊了，小鄭圓滿地完成了主管交派的任務。

小鄭巧妙利用了「選擇的自由」這個心理原則。其實她的目的是讓大家都出席茶會，無論大家選什麼禮物都沒關係，只要準時出席就行。而公司的員工們選到了自己想要的小禮品，自然會準時出席茶會，小鄭的目的也就達到了。

運用「選擇的自由」心理原則時，由我們給出規定範圍內的選項，對方既能感受到我們的尊重，又會忽略其他情況，這時，我們就完全掌握了說話主動權。看起來我們把選擇權給了對方，實際上還是由我們主導，我們設定的選項就是想要對方做的事，無論他選什麼，我們都能達到目的。

在設定選項時，要把醜話說在前面，提前告訴對方最差的可能性，這樣會降低對方預期，無論選哪種對方都會感到滿意。

而且兩個選項不要相差太多，這種「沒有選擇的選擇」會讓對方產生被強迫感，認為我們在為難他。

總之，學會運用「選擇的自由」心理原則，能讓我們更會說話，也讓別人「更聽話」。

被認同感：每個人都渴望被肯定

希望被尊重、被喜歡、被認同是所有人共同的情緒，我們每個人都有「被認可」的心理需求，這種心理需求使我們渴望得到他人的認可。有時候，我們明知道對方說的話中有誇大的成分，自己並沒有他說得那麼好，但是心裡還是會感到很高興。我們在說話時，也可以利用這種心理，認可對方，滿足對方的被認可欲，會讓雙方的溝通更加和諧順暢。

聰明的人還會透過滿足別人的被認可欲，來達到自己的目的，不過這種目的一定要是善意的，我們可以看看下面這位聰明的妻子是怎樣做的：

小敏的丈夫從來不會主動做家事，下班回家後就往沙發上一坐，什麼也不做。這一天，小敏正在大掃除，要打掃的地方太多了，她很想請丈夫幫幫忙。

「廚房的抽油煙機很久沒清理了，你幫幫我。」丈夫聽了不情不願地站了起來，走到廚房看了看抽油煙機，皺著眉頭一副不願動手的樣子。

小敏看到後說：「清潔抽油煙機要照說明書上的步驟，太複雜了我看不懂，你是學電腦的，這對你來說一定很簡單。」丈夫聽了小敏的話找出說明書，幹勁十足地開始清洗抽油煙機。

小敏充分認可了丈夫的職業和能力，讓他感到自己被需要、被尊重，於是心甘情願地接受了妻子的「求助」。當我們被別人認可的時候，就表示我們能達到他人的期望，能做出讓他人滿意的成果，一旦我們的被認可欲被滿足，我們就會產生回應他人期待的衝動。就像文中的丈夫，面對再麻煩的請求，也會欣然接受。

我們在滿足對方的被認可欲時可以從對方的優點入手，這樣我們的認可會顯得更加真誠，對方也會更加願意滿足我們的請求。

俗話說：「金無足赤，人無完人。」世界上沒有完美的事物，每個人都有缺點和優點。我們要努力發現別人的優點和長處，並給予充分的認可和鼓勵。說話時充分認可對方能表達我們的善意，讓對方願意向我們敞開心扉，化解對方的防備和抗拒。只要滿足了「被認可欲」，對方即使再難對付，也會心甘情願地配合我們，接受我們的請求，哪怕是小孩子。

小田的姪子是一個很調皮的孩子，他今年五歲，平時誰的話都不聽，家裡的大人都管不住他。

有一次姪子和小田一起外出，兩人走到了一個十字路口，小田想讓姪子牽著他的手，便說：「過來，我牽著你過去。」姪子卻不給牽。小田一直說，他一直拒絕。

兩個人在路口僵持了一會兒，小田想了想換了一種口氣，說：「路上車太多，我很害怕，你可以牽著我過馬路嗎？」小姪子聽了這話，十分開心，像個小大人一樣牽著小田的手過了馬路。

例子中的小姪子雖然頑皮又倔強，但是在被當成大人對待時，他卻感到非常開心，也願意配合小田牽手過馬路。小田本來可以強行拖著姪子過馬路，但是他卻知道小姪子想被當成大人的心態，並且認可他。小田這樣做不僅讓雙方都很愉快，也順利安全過了馬路。

透過這個例子，我們可以知道：認可對方前，要先了解對方的心理需求，知道對方真正在乎什麼，才能做到有的放矢，說出對方真正想聽的話，也能避免犯對方的忌諱。比如，當我們誇獎一個女孩長得漂亮，說她像某個明星，如果她也很喜歡這個明星，她會覺得很開心。如果她恰恰很反感這個明星，聽到我們這麼說，她一定會不高興。

每個人都有不同的興趣愛好和生活習慣，價值觀和世界觀也有很大的差距，對人和事的喜好也不一樣。所以，我們在表達認可時盡量不要把對方與其他人作比較。就算要作比較也要先問問對方：「你覺得某某人怎麼樣？喜歡他嗎？」如果對方對這個人印象不錯，我們就可以順勢讚美對方：「怪不得你喜歡他，你們有很多相同的優點哦！」對方聽了一定會很開心。而且，我們還要記住，發自內心的認可才能打動對方，隨口敷衍不僅不能達到我們說話的目的，還會讓對方覺得我們不真誠，不願與我們進一步來往。

樂於認可他人是情商高、會說話的表現。滿足對方的「被認可欲」一方面能讓我們更好地達到說話的目的，另一方面也能使對方感到愉悅，何樂而不為呢？

非你不可：唯一性，建立信賴感

「這件事只有你能辦到！」、「缺了誰都沒關係，就是不能沒有你。」每當我們聽到這樣的話時，都很容易被對方說動。因為從對方的話中，我們會感到自己是特別的，我們的內心充滿了被人信賴的成就感，這種感覺會讓我們輕易地接受對方的建議，答應對方的請求。有時，就算我們心裡有一些不情願，也會勉為其難地答應下來，這就是「非你不可」心理原則的魔力。

如果我們在說話時，能運用好「非你不可」心理原則，就能順利地打動對方，達成「一擊必中」的效果。下面這個案例就適當說明了這一點。

小王最近剛入職一家新公司，公司正在拓展新業務，工作壓力比較大，小王待了半年後萌生了辭職的想法。他的直屬上司李經理知道後，特地找他聊一聊，希望能留住他。

李經理問小王：「你的工作一直做得很不錯，公司也越來越好了，繼續做下去一定會有不錯的發展，為什麼突然要辭職呢？」

小王回答：「公司的工作壓力太大了，我不太能適應。」

李經理想了想說：「你再考慮考慮。」

又過了一段時間，小王還是堅持要離職，李經理再次把他找來，態度懇切地對他說：「工作壓力大你想離職，這我能理解。但是我的部門現在還不能沒有你，別人走了都不會有太大的影響，就只有你不行。」

小王聽了李經理這番話，決定留下來再為公司堅持一段時間。

案例中的李經理巧妙利用了「非你不可」的心理原則，讓小王覺得部門沒有他就無法繼續運作，他是特殊的存在，是被上司特別重用的。而且，李經理在勸說時提到了小王的名字，用「只有小王你」這短短五個字就大大增強了談話的效果。

在對話中提及名字或稱呼能讓「非你不可」的效果增強，讓對方產生一種特殊的、受重視的感覺，從而更樂於回應我們，對我們產生更多好感。

再來看一個案例：

小張經常在 A 公司購買 3C 產品，是 A 公司的忠實客戶。大家問他為什麼這麼喜歡 A 公司的產品，難道是因為 A 公司產品品質特別好嗎？小張回答說：「其實品質都差不多，但是這家公司的售後服務特別好。」

有一次小張的手機有點故障，他知道在保固期內可以免費更換產品，就聯絡了客服。客服是這樣回覆他的：「為了感謝張先生一直以來對本公司的支持，我們特別為您提供免費更換服務。」其實，只要符合條件的顧客都可以在保固期內享有保固服務，但是客服的話卻讓小張覺得自己特別受重視。從此，他更加喜愛 A 公司的產品了。

本來是正常的售後服務，但客服人員的話卻讓小張產生了受到「特殊待遇」的感覺。甚至覺得自己免費換到新的手機，是占了便宜。於是小張對 A 公司更有好感了，並且對 A 公司產生了信賴。購買 3C 產品時總是第一個想到 A 公司。

說話時運用「非你不可」心理原則除了讓對方產生「信賴感」，還可以讓對方產生一種「優越感」，認為自己是特別的，是被選中的，這種「信賴感」和「優越感」能讓對方願意回應、配合我們，讓我們達到說話的目的。

運用「非你不可」心理原則就是成全別人的優越感，讓別人打從內心信賴我們，因此在運用這個原則時，要注意好下面兩個要點：

◎謙虛禮貌、不卑不亢

趾高氣揚、咄咄逼人的說話方式固然讓人不喜，但是過度的諂媚也讓人厭惡。我們雖然讓對方覺得「非你不可」，但並不代表我們需要奉承對方。善用「非你不可」心理原則的人，既不會高高在上，也不會過於放低姿態，而是會用謙虛禮貌、不卑不亢的態度來說話。謙虛禮貌是尊重對方，不卑不亢是尊重我們自己。

◎適當誇獎和讚美對方

讚美總是會使人產生「我很特殊」的感覺。適當的誇獎和讚美，能讓「非你不可」的理由更加真實和充分。我們要找出對方的優點，並在說話時真誠地讚美，適當地放大這些點，並告訴對方「非你不可」，這樣才能讓對方產生「優越感」和「信賴感」。

每個人都希望自己能成為別人心目中的重要人物，占有舉足輕重的地位。滿足對方的這種需求，運用「非你不可」的原則，就能加強言詞的力量，讓別人回應我們的請求，並充分地信賴我們。

儆其所惡：用提醒取代命令，讓對方遠離風險

「儆其所惡」的意思是使對方遠離自己所厭惡的事物。面對比較難說服的人，我們可以運用「儆其所惡」的心理原則。

相信大家都看到過這樣的場景：公園的草坪上掛著「禁止踩踏」的標語，有些人還是會偷偷踏上草坪。專櫃的商品寫著「禁止觸摸」，但總有人管不住自己的手。不讓他做，他偏要做，有時候嚴厲的警告，不但無法勸阻，反而會激起大家的想反抗的心態。

如果換一種方式呢？把「禁止觸摸」換成「易碎物品，請勿觸摸」，相信隨意觸摸的人一定會大大減少，因為隨意觸摸，有可能會打碎易碎品，需要付出實質的金錢賠償。

事實上，「儆其所惡」就是要明確告訴對方做這件事的後果，而對方想要避免發生這樣的後果，自然就不會去做了。「儆其所惡」是讓對方主動選擇怎樣做，而不是被我們規定要怎樣做。

下面這位電影院工作人員就做得很好。

有一位媽媽，帶著孩子在電影院看電影，可是她卻不管好孩子，讓孩子在電影院裡跑來跑去，而且大聲吵鬧。

這個孩子嚴重影響了其他觀眾觀影，其中一位觀眾十分憤怒，大聲斥責這位媽媽：「管好你兒子！在電影院裡吵吵鬧鬧影響別人看電影，太沒家教了！」結果這位媽媽不僅不管教孩子，反而和這位觀眾吵了起來。

這時，循聲趕來的工作人員對這位媽媽說：「電影院裡黑漆漆的，臺階又多，孩子跑來跑去摔倒怎麼辦？還是讓孩子先坐好吧！」

這位媽媽聽了以後，立刻就把孩子叫回了座位，不准他再起身隨意奔跑。

上述案例中的工作人員在說話中就巧妙地運用了「儆其所惡」心理原則，讓被說服的那位媽媽意識到了這個行為背後隱藏的危險性，並主動接受了建議。從例子中我們不難看出，在說服和勸阻他人時，「儆其所惡」心理原則能形成很強的約束力。讓我們能更有效地說服對方。

那麼，我們在說話時要怎樣遵循「儆其所惡」心理原則呢？

下面三點建議值得參考：

◎避免直接命令對方

有些人在說服對方時，會忍不住直接命令對方，並不假思索地把命令的話語說出來，這樣的溝通方式很容易引起對方的反感，不僅無法達到我們的目的，還會引起反效果。

我們在溝通時，有時免不了要用強硬的態度去說服對方，但是請記住，盡量不要使用「禁止……」、「不要……」、「不准……」之類的命令式話語。

◎從對方的利益出發

當我們試圖說服對方或者提出請求時，一定要讓對方覺得我們是在為他考慮，我們的訴求與他是一致的。在上面的案例中，第一位觀眾斥責那位媽媽時說「孩子影響到大家看電影」，這是從自己的利益出發，沒有獲得那位媽媽的認同。而電影院工作人員則為孩子考慮，提醒媽媽不要讓孩子受傷，媽媽立刻就聽進去了。

所以，我們在溝通時，多從對方的利益出發，這樣才能讓對方樂意接受我們的觀點。

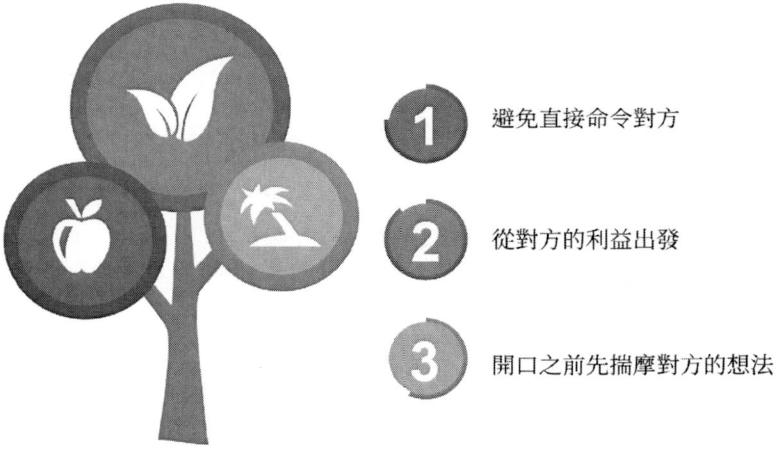

圖 1-1　規避風險，謹慎提醒的方法

◎開口之前先揣摩對方的想法

我們在溝通時，如果遇到對方態度強硬，那麼在開口之前一定要先揣摩對方的想法，猜測一下他回應的態度，如果對方接受的可能性很高，那麼我們當然可以直接說。如果對方拒絕的可能性比較高，那麼我們就不要直接說。

我們還可以揣測一下對方的喜好，看看他忌諱什麼，試著從這方面說服他。比如一個人十分小氣、愛貪小便宜，但是又很迷信，那我們就可以告訴他慷慨大方的人會有福報，相信他一定會聽進去。

掌握了上面三個要點，我們在說話時就能把「儆其所惡」心理原則運用得更自如，即便對方再強硬，我們也能想辦法說服他。

情感共鳴：找到相似點，打開對方心房

與人溝通、說話時如果能引起對方的情感共鳴，就能快速贏得對方的好感和信任，讓對方向我們敞開心扉，進而營造出愉快的談話氛圍，達到自己的目的。

在日常交流中，並不是所有的人都會對我們所談的話題感興趣。如果想讓聊天更順暢，就需要我們在開口時，找到對方會有興趣的共通話題，打動對方的心，讓對方更願意與我們交談。一個能引起共鳴的話題就像是一顆石頭掉入了水中，總能讓對方給我們回應。反之，如果我們在交流時沒有與對方產生情感共鳴，那麼我們與對方就會變成兩條平行線，怎麼聊也難以產生碰撞和交集。下面案例中的記者就非常擅長運用情感共鳴來打開對方的心房。

有一位記者，每次出去採訪，都能又快又準確地完成採訪任務，同事們向他請教祕訣，他說在採訪時最重要的是與受訪

者在交流時產生共鳴，這樣受訪者就能很快地與他傾心交談。

有一次，記者要去山上採訪一位老人，老人見到記者後很是拘謹，根本沒有辦法順利進行採訪。後來記者發現老人的口音不像是當地人，就問道：「老伯伯，聽您的口音像是南部人，您老家是在南部嗎，是哪裡的？」

老人家這才說：「對，我老家在高雄，很年輕的時候就來北部了。」

記者學著用南部人的腔對老人家說：「高雄好啊，我上個月還去高雄出差了，是個好地方。」

老人家聽記者用熟悉的口音說去過高雄，一下子就沒有了拘束感，還和記者聊起以前在高雄的人和事，打開話匣子後的老人，與記者談天說地，記者也順利地完成了採訪任務。

案例中的記者正是因為發現了老人口音的不同，而找到了與老人的共通話題，快速拉近了與老人之間的距離，然後順利地完成了採訪工作。

在交流的過程中，我們要善於發現和對方相似的地方，利用對方的愛好、經歷等作為交流的切入點，喚起對方的情感共鳴，使對方在情感上更傾向於我們，才能更順暢地交流。

一個高情商的人，往往具備一雙慧眼和一顆「七巧玲瓏心」，他們總能揣摩並發現與對方情感上的共通點，然後走進對方的內心，進而達到溝通的目的。

那麼，我們要怎麼做才能引起對方的情感共鳴呢？以下幾點建議值得參考：

◎說一說彼此都曾經歷過的事或都曾去過的地方

喚起對方情感共鳴的方法之一就是在說話時，多說一些彼此都曾經經歷過的事，或是都曾去過的地方，然後和對方一起討論並表達自己的感受，這樣才能透過共同的話題展開交流，並快速地獲得對方的信任。

◎多站在對方的角度思考

說話時多站在對方的立場思考，多認同對方的想法，這樣會讓對方覺得我們與他是同一陣線的，進而與我們產生共鳴。

◎一定要真誠

真誠是情感共鳴的基礎，因此，我們在說話時要秉持真心誠意、互相坦誠的原則，平等地與對方交流，用真摯的態度打動對方，這樣才能真正與對方產生情感共鳴。

總而言之，找到彼此的相似之處，打開對方的心房，讓對方與我們產生情感共鳴是一個重要的說話技巧。人與人之間交流的關鍵在於情感的互動，而情感互動的關鍵在於彼此之間情感的共鳴，因此，情感共鳴才是溝通時真正的「必殺技」。

溫暖法則：溫和的話語最能撫慰人心

溫暖法則又叫「南風效應」，它來源於法國作家拉封丹（Jean de La Fontaine）寫的一則寓言：

有一天，北風和南風比威力，看誰能讓行人把身上的大衣脫掉。北風首先發威，對行人來了一陣刺骨的寒風，行人為了抵禦寒冷的北風，不僅沒有把大衣脫掉，反而裹得更緊了；而南風則不同，它輕柔吹拂，頓時和風撲面，倍感溫暖，於是行人紛紛解開大衣鈕扣，脫掉了大衣。比賽結果為南風得勝。

後來這則寓言故事成為了社會心理學的一個概念，它告訴我們：溫暖勝於嚴寒。如果將這個法則運用到日常交流中，就是：我們在說話的過程中要注意語氣、措辭的使用，最好是用友好、溫和的「南風」式語言，而不是用犀利、不恭、冰冷的「北風」式語言來交流，這樣才能使對方在不知不覺中接受我們，並敞開心扉，傾心交談。否則只會讓對方在心中對我們豎起一道無形的「心牆」，更不利於彼此的交流。

溫暖法則究竟有怎樣的魔力呢？我們不妨來看看下面這個案例：

李華是一家大型超市的客服經理，她在對其他客服人員進行培訓時說得最多的一句話就是：學會使用溫和的語言，問題就解決了一大半。

李華剛剛進入這家超市時，也是一名普通的客服人員。由於工作關係，她經常要接待一些情緒不佳的顧客。有些說商品品質不夠好，有些說不想要了要退貨，還有些顧客甚至把買回家的食品都快吃完了還要求退款。只要要求不被滿足，他們就會找各種理由，把氣發洩在李華身上。

但李華每次都告訴自己，不要因為顧客的情緒而忘了客服人員的工作 —— 解決問題。因此，她總是會面帶微笑且耐心地聽完對方的所有抱怨或責備。然後，溫和地對顧客說，「我知道您的訴求了」、「我理解您現在的心情」、「很抱歉為您帶來了不便」、「您放心，我一定為您爭取最大的利益」……

有一次，一位七十多歲的奶奶帶著自己的孫子小智到超市購物。小智急著去玩具區，一不留神撞到了貨架，被一瓶掉下來的洗髮精砸中了頭。小智哇哇大哭，奶奶見狀，頓時在超市喊了起來，說超市的商品擺放不安全。看見小智自己亂跑的工作人員馬上過來說：「您不能這樣不講道理吧，明明是孩子自己亂跑，您沒管好孩子，怎麼能怪到我們頭上呢？！」

奶奶聽完更加憤怒，乾脆坐在地上，大喊說超市欺負老人和小孩，東西砸到人卻不想負責，引來了大批圍觀的民眾。

聞訊趕來的李華見狀，立刻輕聲細語地說：「奶奶，地上很涼，您先起來，我們看看小朋友的頭有沒有受傷？」

奶奶聽後，一邊說著：「這才像是有想解決問題的態度。」

一邊站起來，跟著李華來到超市的接待室裡。

李華始終在安慰奶奶：「您放心，有問題我們都會解決的。您看您一生氣，小朋友都害怕了。」然後，又轉頭對小智說：「頭會不會痛？跟阿姨說，剛才怎麼跑那麼快呀？是不是喜歡那個蜘蛛人的玩具？阿姨也覺得超酷！」

小智點點頭說：「對，我太急了，不小心就撞到了，然後有個東西掉下來砸到我，但是我現在不痛了。」

聽孩子這樣說，李華心裡就有底了。她繼續對奶奶說：「奶奶你們家的孩子真棒，誠實又勇敢，是個男子漢喔，您平常一定把他教得很好，真是了不起！」

奶奶聽著李華的話，也知道是孫子自己跑太快了，而且身為家長她也有看護不周的責任。於是對李華說：「本來就不是什麼大事，結果你們那個店員馬上就說我不講道理，我才會生氣。這件事也是我們自己不小心……」

你看，一句不加修飾的話就讓事情往壞的方向發展，而一句友善、溫暖的話就讓問題一下子變得簡單了。這個案例中，李華和另外一名店員的話形成強烈的對比，整個過程中，李華對老人和孩子沒有半點指責，而是始終用貼心、關切的話讓奶奶從最剛開始的憤怒轉為自我反省，輕鬆化解了一場矛盾。

有人說：「做人就應該像蠟燭一樣，在有限的生命中，發一分光發一分熱，給予人光明，給予人溫暖。」我們在日常交流中也應如此，如果我們用親切、溫和的語氣和對方說話，那麼，就可以為彼此的心靈帶來慰藉和溫暖；如果我們總是用冰冷、強硬的語言和對方說話，那麼，我們將一直生活在痛苦的爭吵中，長久下來，誰又願意和我們交談呢？

只有發自內心的溫和語言，才蘊含著無窮大的影響力，因此，在交流中，我們要善於運用溫暖法則，利用語言的魅力，讓人感受到春天般的溫暖。

焦點效應：人人都想成為矚目的焦點

所謂焦點效應，是指我們高估了別人對自己外表和行為關注度的一種表現。這種表現意味著我們會把自己當作焦點的中心，並且無限地放大別人對自己的注意程度。

焦點效應是一種非常常見的心理學現象，可以說人人都有這樣的心理。在日常交流中，幾乎每個人都有過這樣的經驗。

開同學會時，有同學拿出當年的畢業照，幾乎每個人都會在第一時間找到照片上的自己，並且會關注照片中自己的形象；與好朋友在一起聊天的時候，總會有意無意地把話題轉移到自己的身上；在各種聚會場合，總會想方設法地吸引別人的注意，甚至想成為眾人矚目的焦點……總之，不管我們在什麼情況下，在怎樣的場合中，我們都希望得到別人的關注，都覺得自己是焦點。

既然人人都有一種想要成為焦點的心態，那麼，我們在說話時就不能忽視焦點效應，而應該嘗試著透過話語去滿足他人的「焦點心理」。倘若我們在說話時過度考慮自己的內心感受，而忽視了他人渴望被重視、渴望被關注的「焦點心理」，就可能讓自己陷入麻煩之中。

讓我們來看看下面這個小故事：

業務員周濤走進客戶辦公室的時候，客戶正在講電話，於是他安靜地坐下來，仔細地觀察客戶的辦公室。在辦公室裡有一個碩大的書架，上面擺滿了書籍，客戶的桌子上有幾張被精心裱框過的照片，其中一張正是客戶穿著博士的畢業袍，照片的一側還寫著四個字「鵬程萬里」。

當客戶講完電話後，周濤說：「李總，我剛剛在桌子上看到了您的畢業照，才知道您是博士畢業，不知道您讀的是哪所學校？您有博士學位又管理這麼大的公司，真是太了不起了！」

客戶聽完，笑著說：「哪裡，過獎了，這是以前……」並講起了自己學生時代的故事。

客戶聊了一會兒後，就主動說起了周濤公司的產品，他們就產品問題展開了談論，但是當周濤說出價格之後，客戶就沒有再繼續說話了。周濤立刻轉換了話題，說：「李總，您畢業照上的字是您自己寫的吧，這個字一看就知道，您寫書法的功力一定很深厚吧？」

客戶一聽，馬上多雲轉晴：「過獎了……我對書法……」後來，周濤順利簽下了這單生意。

在這個案例中，周濤因為掌握了「焦點效應」心理，讓談話過程中時時刻刻以客戶為中心，專注於對方的所思所想，從而贏得了客戶的信任，順利成交了訂單。

其實，在交流的過程中，每個人都希望自己能成為對方關注的焦點，因此，我們可以適時利用焦點效應，迅速了解對方的意圖，然後打破對方的心理防線，拉近彼此之間的距離。

那麼，我們究竟要怎樣做才能巧妙地利用焦點效應，贏得對方的好感呢？下面的方法或許可以幫助到你。

◎找到對方感興趣的話題

在與對方交流的過程中，如果能迅速找到對方感興趣的話題，讓客戶感覺自己才是整個話題的中心，就可以藉此來打破交流的「瓶頸」，使客戶願意與你繼續交談。

◎虛心請教

虛心請教是我們尊重對方的一種表現，因此，在交流中我們可以適當地向對方請教一些問題，讓對方對我們產生好感。

比如，我們可以這樣問：「我想請教您在這方面的經驗」、「關於這件事情，您有什麼看法？」、「對於我剛才的觀點，您有任何需要補充的嗎？」用這樣的方式不僅可以創造與對方交流的機會，而且還可以讓對方覺得自己是被尊重的。需要注意的是，請教時的態度一定要謙和恭敬，這樣才更有利於順利交談。

◎真誠地讚美對方的優點

讚美可以使人心情愉悅，在與對方交談時，我們要善於發現對方的優點和長處，並真誠地給予肯定，讓對方感受到被尊重與價值感，自然更願意與我們持續互動與交流。

因此，在日常交流中，我們要抓住對方的焦點效應心理，以對方為中心來展開對話，讓對方在整個交流的過程中感覺自己是被尊重、被關注的，這樣才能使交流變得更順暢。

第二章

開口前的 4 個準備，讓你說話不再踩雷

人與人之間的交流，並非只是說話那麼簡單。所謂的溝通，不但要說話，還要能達到說話的目的。俗話說「謹言慎行」，在開口說話之前，先在腦海裡仔細想一想自己將要表達的內容，揣摩一下聽者的感受，並選擇恰當的措辭和語氣，可以讓我們的表達更具體、更明確、更有效果。

不要不思考就直接開口

說話對於我們每個人來說都是再簡單不過的一件事，幾乎每個人都會說話。可是實際上呢？有些人確實「不會說話」，他們開口前從不思考，說出的話像刀子，句句傷人。

這些「不會說話」，或者說不思考就直接說話的人，是非常容易得罪人的，因為他們三言兩語之間就能招惹是非。生活中這樣的人有很多，比如，有些服務生上菜時會問：「誰要飯？」有的人坐上計程車，張嘴就說：「今天這麼塞，應該沒跑幾趟吧？」這樣的話聽在別人耳朵裡怎麼會舒服呢？所以，我們在開口之前，一定要先思考。

或許，下面的案例可以給你一些啟發：

小麗在一家餐廳只工作了一天，就被老闆資遣了！事實上，小麗在工作上並沒有出現嚴重過失，問題就出在溝通上。

當天中午，餐廳的客人很多，小麗和其他服務生都忙著接待客人。這時，有一位帶小孩的客人請小麗幫忙再拿一個碗，因為要給孩子用，所以那位客人特別強調碗一定要洗乾淨一點。小麗馬上便滿足了客人的要求，她拿著一個碗在大廳裡大聲說：「洗乾淨的碗來了，是誰要用洗乾淨的碗？」其他客人聽到後紛紛表示：「難道我們用的碗都沒洗嗎？」老闆知道後很生氣，當天就把小麗開除了。

小麗的話雖然是無心的，但卻造成了誤會，也讓她丟了工作。在工作場合，本來就應該謹言慎行，小麗卻不思考就直接開口，大剌剌地說出了容易讓人誤會的話。

在工作中，我們說話要謹慎，在生活中，我們也要拿捏好說話的分寸，開口前想一想我們的話說出來是否合適，千萬不要像下面這個例子一樣。

方芳個性外向、愛交友，常常在社區門口跟鄰居聊天。這一天，她正好遇到社區裡的王奶奶，她笑著跟王奶奶寒暄：「您下樓散步啦！身體真硬朗，您今年多大歲數啦？」王奶奶笑著回答：「八十一啦。」「哎呀，您可真是高壽，身體還這麼健康。」王奶奶聽了這話高興得笑了起來。

可是，方芳很快便話鋒一轉，說：「五樓的陳爺爺去年走了吧，他比您還小一歲呢，您可要注意身體啊，這個年紀很容易有病痛的。」聽到這話，王奶奶臉上的笑容一下子沒了。

方芳不合時宜的話一下子就得罪了王奶奶，不僅沒有表達出對王奶奶身體的關心，還讓王奶奶聽了非常刺耳。

說話前先思考，能幫助我們快速有效地理清自己的思緒，說錯話會誤事，如果只逞一時口舌之快，說話不經過大腦思考，只會帶來麻煩，甚至導致更嚴重的後果。反之，如果我們在說話之前能先思考一下，想一想說出來的話會帶來什麼後果，就能大幅降低說錯話的機率。為了避免禍從口出，我們在說話前應該先問自己三個問題：

◎我能保證我說的是真的嗎？

小劉興奮地跑進辦公室，對同事說：「告訴你一件絕對想像不到的事……」同事聽完後，問道：「你要說的事是真實的嗎？你從哪裡得知的？」

小劉聽完這話後愣住了，因為他也無法判斷這件事的真實性。

我們要為自己說出去的話負責，在不能確定真實性之前，有些話最好不要說。我們要記得「三人成虎」的道理，有些真相會在傳播的過程中被扭曲，我們在傳播這些資訊時，也會無意中成為謠言的散播者。而流言蜚語帶來的傷害是無法估量的，如果不經思考和證實就去傳播，我們就等於是散播謠言的幫凶。

◎我說的話是出於善意的嗎？

小李想在公司聚餐上活躍氣氛，他對自己這一桌的同事說：「告訴你們一個祕密，會計的腳超級臭，你們誰敢聞他的腳，我就自罰三杯。」同事們哄堂大笑，而會計聽到後臉色一下子變了。

很多人都像小李一樣愛開玩笑，藉此來活躍氣氛。開玩笑當然無可厚非，但是帶著惡意和挖苦的玩笑卻讓人反感。在我們開玩笑或者評價他人之前，一定要想一想自己的話是不是出於善意。沒有人願意和一個喜歡口出惡言的人來往，我們說出口的話，一定要是出於善意的。

◎我要說的話真的那麼重要嗎？

小偉剛入職不到一個月，剛好某位同事喜得貴子。這位同事打算請整個部門的人一起吃頓飯慶祝，讓大家沾沾喜氣。於是，大家利用中午休息的時間討論去哪裡吃、吃什麼。

小偉聽了半天，覺得不太對，於是乾咳了兩聲說：「不好意思，各位，我有個想法。既然是喜事一件，我們是不是該表示一下給個紅包呢？我不好意思白吃人家的一頓飯。」

此話一出，大家都安靜了。最後還是一位資深員工對小偉說：「我們公司的慣例就是誰高興誰請客，但絕不收紅包。所以，你可以自便。」

我們有時候會急於表達自己的觀點，覺得話到嘴邊不得不說。但是在我們說話之前應該先想一想：「我要說的話真的有那麼重要嗎？必須要現在就說出來嗎？」如果不是緊急的、重要的話我們可以稍後再說，等一等也沒什麼大不了。

德謨克利特（Democritus）曾說：「別讓你的舌頭搶先於你的思考。」在開口說話之前，一定要先思考一下，問問自己上面的三個問題，不真實、不友善、不重要的話沒有必要說，不要讓惡語傷人。

揣摩對方心理，讀懂他的在意點

要獲得良好的溝通效果，把話說到對方的心坎裡，就要在開口說話之前先揣摩對方心裡的想法，簡單來說就是要察言觀色、拿捏說話的分寸。如果不懂得揣摩對方想法，說話沒分寸，不體諒對方，就有可能會引起對方的不滿，從而引起衝突。

比如，丈夫在工作上與主管有爭執，回到家後臉色很不好，而妻子卻沒有察覺到，仍然像以前一樣對丈夫嘮叨，丈夫回嘴了幾句，於是兩人便吵了起來。

如果妻子先察覺到丈夫的情緒低落，那麼她就會改變方式，不再像以前一樣嘮叨，而是關心鼓勵丈夫。這樣的話，丈夫也會心懷感激地向妻子傾訴自己的煩惱，無形中就拉近了夫妻之間的距離。

揣摩對方的想法，是我們開口說話前的基本步驟。說話前不揣摩對方想法，就像出門前不看天氣預報，也就無法根據對方的反應做出適當的應對。若想達到說話的目的，我們就應該學會揣摩，觀察對方的反應，再採取具體策略進行有效溝通。

下面案例中的小倩就為我們作出了很好的示範：

小倩開了一家服飾店，有一天一對夫婦走進店裡。剛進門丈夫就接起一個電話，妻子一個人在店裡逛了一下，似乎看中了一件黑色的毛呢大衣，她試穿後很滿意，小倩上前詢問：「這件大衣非常適合您，而且是我們店裡最後一件了，您喜歡的話一定不能錯過。」妻子說：「是挺好看，但就是有點貴。」小倩沒有再勸，而是轉移話題：「現在願意專門花時間陪太太逛街的男人不多了，您真是找了一個好老公。」

此時丈夫接完電話走了過來，小倩又適時地說道：「先生，您太太看中了這件大衣，穿起來非常好看呢！」丈夫看了看價錢說：「有點貴。」這時，小倩注意到那位妻子的臉色不太好，於是便說道：「難得這位先生陪太太出來逛街，這件衣服太太穿著也非常適合，又是最後一件了，不如我幫您打九折，您看怎麼樣？」

丈夫看出妻子十分喜歡這件大衣，再經過小倩的勸說和難得的折扣，就十分爽快地買了下來。

小倩透過察言觀色，揣摩這對夫婦的想法，利用丈夫對妻子的關愛之情，再加上打折的成功賣出了這件毛呢大衣。我們說話的對象是人，所以我們要研究人的心理。只有說話前先揣摩對方的心理，了解對方的想法，及時掌握對方的心理變化，才能達到我們的溝通目的。

有一些不法分子利用所謂的算命來行騙，聲稱能預測人的命運，讓一些人對他們深信不疑。雖然所謂的算命先生都是騙人的，但是他們察言觀色的本事卻十分高明，很善於揣摩人的心思，能找到這些人的弱點，把話說到人心坎裡，讓這些人心甘情願地上當受騙。

人人都希望自己說的話能真誠有效，讓對方信任自己，對自己產生好感。但是，在日常生活中我們常常會遇到一些不太熟悉甚至陌生的人，這樣的情況下，我們要怎樣與對方快速建立信任呢？此時，我們就需要透過揣摩對方去了解他內心的想法，才能把話說到對方心坎裡，讓對方產生好感。

當然，揣測對方的心思並不是一件容易的事，需要從細微處著手。我們可以透過對方所說的話揣測對方的想法，因為人在說話時會表達自己的思想，而行為所透露的東西就更多了，透過觀察對方的行為我們可以揣測他的狀態。想要更準確地揣測對方心思，需要一定的生活經驗和知識水準，以及很強的觀察能力，這些都要靠我們平時的練習和累積。

如果我們在開口說話前能先揣摩到對方的心思，那麼我們就可以根據對方的心理變化加以應對，這會對我們與他人的社交來往和溝通有極大的幫助。

選對措辭，說話更入心

「今天下班我去接你吃飯，我們 6 點見吧。」下班前，莉莉收到這樣一則訊息，來自她的新男朋友。面對這樣一條突然的邀約莉莉感到很惱火，她本打算下班和同事去逛街，可是對方並沒有跟她商量就直接通知她，打亂了她原本安排的計畫。

因為男朋友的一句話，莉莉的心情一下子變得很糟糕。要怪男朋友沒有提前計劃或通知她嗎？不提前約好確實不對，可是和同事逛街也不是那麼重要，完全可以改天再去。最讓莉莉生氣的是男朋友「命令式」的語氣和措辭，讓莉莉覺得他一點也不尊重自己。

如果換一種說法呢？比如，像這樣說：「親愛的，今天特別想你，晚上能見面嗎？我們 6 點一起去吃晚餐好不好？」表達的意思是完全相同的，只是換了一種問法，對方的感受馬上會變得不一樣。新的問法中「今天特別想你」表達了對女友的愛意，「晚上能見面嗎？」委婉地徵求對方的意見，這樣的說法把令人惱火的臨時邀約變成了甜蜜的驚喜。

從這個例子中我們可以看到措辭產生的強大效果，同樣的話，用不同的措辭說出來會有不同的效果，高明的措辭能讓對方的態度發生 180°大轉彎。

無論是職場上、還是日常生活中，我們每個人都有機會對別人提出請求，有人會回應我們，有人會拒絕我們，如果開口說話前仔細想想要怎麼說，並選擇合適的措辭，就會讓拒絕我們的人越來越少。這樣一來，我們與人溝通就會越來越順暢，人際關係也會越來越好。

既然措辭如此重要，那麼我們在開口說話時要怎樣使用恰當的措辭呢？總結起來，高明的措辭不外乎是：以對方為中心、站在對方角度思考。在實際的運用中，當我們在斟酌措辭時，一般需要遵循下面三個原則：

◎不要直接表露出自己的想法

有時候，太直白地說出自己的想法會讓人反感，不僅無法達到我們說話的目的，還會產生反效果。所以，我們說話前要先經過大腦，不要直接將自己的想法脫口而出。在請求別人時，也不要說出：「你一定要答應我！」這樣的話，雖然我們很不想被別人拒絕，但也不要直白表露出來。

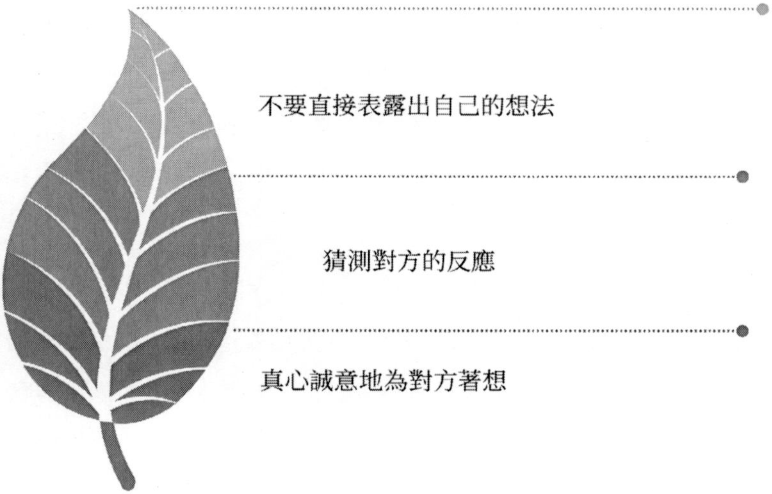
不要直接表露出自己的想法
猜測對方的反應
真心誠意地為對方著想

圖 2-1　使用恰當措辭的三大原則

比如，有些人家裡的水果買太多了，於是拿出來分大家吃，他說：「你們多吃一點，我買太多了，再不吃就爛掉了。」本來是好意，說出來的話卻不中聽。

◎猜測對方的反應

我們在斟酌措辭之前，可以根據對方平時的表現評估一下，他聽了我們的話會作何反應。如果對方有可能會拒絕或者反感的話，我們就不要再說了。或者根據對方可能的反應，再換另一種說法。

比如，小明想請剛認識的小美吃飯，他想了一下覺得小美應該不會和剛認識的異性出去吃飯，但他還是很想進一步認識小美。於是他先約了共同認識的朋友，並改變了原先準備的問題，說：「今天我們大家要去吃飯，你想一起嗎？」小美看見一起去的朋友很多，就欣然答應了。

◎真心誠意地為對方著想

我們在選擇措辭時必須考慮到對方的利益，只有當對方的利益與我們的利益一致時，我們得到正面回應的可能性才會更大。如果說話時只表達自己的利益訴求，卻不考慮對方，那我們的措辭就是不適當的。

比如，小販在賣菜時，想讓顧客多買一點，她會說：「今天的菜又便宜又新鮮，趁這個機會可以多買一些放在冰箱裡，免得明天再跑菜市場」。她從顧客的利益出發，充分為顧客考慮，顧客為了方便也一定會多買一些。

只要遵循了以上三個原則，我們就能選擇出恰當的措辭。那麼，在開口說話時，我們就至少心中有數了。

看場合、調語氣，說什麼都有分寸

老一輩常說：「說話要看場合，做人要有分寸。」這句話的意思就是：說話時要分場合，到什麼場合說什麼話，這是很生活化的智慧，也是我們開口說話前必須要考慮的。

所謂的「場合」就是說話時的環境和場景，當我們說話時，環境和場景能對談話產生不可估量的影響。不僅會影響到我們對談話內容的選擇，對對方話語的理解，以及談話的結果，還會影響談話雙方的狀態，所以，我們一定要重視「場合」，在特定的場合下說適當的話，用巧妙的話語來達到我們的目的。說話不會看場合的人，不僅容易鬧出笑話，還會得罪人。

小陳相貌堂堂，人也忠厚老實，但就是不會說話。有一次，他去參加同學的婚禮，新人敬酒時，他拍著新郎的肩膀說：「祝你新婚快樂，你是我的好兄弟，以我們的交情，你下次結婚我一定還會再來！」桌上的其他客人聽了小陳的話都覺得哭笑不得。小陳常會說出一些不合時宜的話，所以每逢一些重大場合，大家都不太想請他來，他還不知道為什麼。後來有人告訴了他原因，讓他說話要注意場合，不要犯了別人的忌諱，要多說別人愛聽的話。小陳這才恍然大悟。

像小陳這樣說話完全不分場合，想到什麼就說什麼，最後得罪了人自己還不知道的，就是「不會說話」的人。在生活中，我們不應該讓「不會說話」成為我們和別人交流、溝通的障礙。

我們每天都會在不同場合、不同時間遇到不同的人，所以我們應該學會在不同的場合用不同的方式去說話。而且，在不同的場合說話時，要用到不同的語氣。

恰當的語氣能讓我們把話說得更生動，把意思表達得更準確。我們常說某人的口才很好，意思就是說這個人能夠駕馭語言，而駕馭語言的能力就包括適當運用語氣。要正確使用語氣，需要一定的技巧。具體如何操作，讓我們來看看以下三點：

◎了解語氣的重點

語氣有兩個大重點：思想情感和聲音形式，這兩者都包含在每一個基本的語句中。所以，語氣就是表達思想感情的一種聲音形式。語氣有表意、表音、表態的作用。

表意就是傳遞訊息，比如疑問、感嘆、催促、建議、祈求、命令、商量等。這類語氣詞一般都以獨立短句的形式出現，常用於句末。比如：可以嗎？你覺得怎麼樣？請快一點！

表意就是傳達感情，比如讚嘆、驚訝、諷刺、喝斥、不滿、興奮、輕鬆、警告等。

表態就是表達態度，比如強調、委婉、和緩、肯定、否定等。

◎改正錯誤的說話語勢

所謂語勢，就是指說話的態度和走向，不管一句話有多麼複雜，總有開頭、轉合以及結尾。因此，若要掌握這三個部分的變化，必須讓它們相互結合、融為一體，並展現出更深層的意涵。句子開頭要有多樣化的表達方法，起承轉合時注意情緒的變化，結尾要錯落有致，這樣才能讓語氣豐富，表達的情感更完整。

語勢習慣改正後，在說話內容和語意的整體掌握上就能更準確。這種技巧是非常重要的，是運用語氣的基本要求。

◎說話語氣要根據環境的變化而變化

語言表達想要達到理想的效果，不能隨時理所當然地說話，而是要考慮當時的環境，比如場合、時機以及說話對象等。俗話說「見人說人話，見鬼說鬼話」就是這個意思。我們要根據不同場合來靈活運用語氣，這樣才能讓聽你說話的人如沐春風。

在日常生活中，我們說話時都帶著一定的目的，而且是在特定場合下進行的。如果不考慮場合和語氣，那麼即使說話的內容再正確，對方也不會輕易接受。所以我們應該針對不同的場合來說不同的話。如果忽視這一點，就可能引起別人的反感，甚至造成不必要的衝突。

俄羅斯有句諺語：「語言不是蜜，卻可以黏住一切東西。」我們在說話時，只要能注意場合和語氣，就能營造出一種和諧、融洽的溝通氛圍。

第三章

7 大聊天禁區：這樣說話，關係再好也會翻船

與人爭辯、玩笑開過頭、打斷別人的話、出言狂妄、言詞武斷、談論他人隱私、揭開別人的傷疤和踩底線……以上這些錯誤的說話方式，不僅無法達到說話的目的，還會令人厭惡，影響人際關係。在說話時，一定要謹記有的話能說，有的話不能說，只有拿捏好說話分寸，言之有忌，才能避免禍從口出。

玩笑過頭：逗笑變傷人，一線之隔

英國心理學教授卡里．庫珀（Cary Cooper）說：「懂得在恰當的時候逗一逗樂子，能讓人們知道你很坦誠、可愛，不是什麼像機器人一樣的技術專家。」一個得體、無傷大雅的玩笑，可以成為與人交談時的潤滑劑，既能活躍氣氛，又能展現出你的高情商，還能留給對方一個會說話、好相處的好印象。

但是，凡事過猶不及，開玩笑也要適度。一旦玩笑開過頭，就容易讓對方反感，留下情商低、不會說話的壞印象。

李明就遇到了這樣一個「不會」開玩笑的朋友。

李明結婚後和妻子感情和睦、生活也很有規律，所以身材逐漸發福，比以前胖了不少。

有一次，李明去參加大學同學聚會，大家許久未見，聚在一起聊得十分愉快。這時，有一個同學突然對李明說：「你現在比以前胖好多啊！是怎麼搞的？原來結婚會讓人變胖嗎？要減肥是不是要離婚才行啊！」在場的所有人都很尷尬，李明的臉色也變了。

在聚會現場，李明雖然沒說什麼，但聚會結束後，他再也沒和那位同學聯絡過。後來，那位同學也意識到自己開的玩笑過頭了，於是找機會向李明道了歉。

案例中李明的同學在開玩笑時說的話確實太過火，他自以為幽默，卻讓李明感到難堪，還把聚會的氣氛弄得十分尷尬，雖然這位同學後來試圖修復關係，但終究是得罪人了。因為一個玩笑而失去一個朋友，實在是得不償失。所以，關係再好的朋友之間，開玩笑時也要拿捏好分寸，千萬不要惡語傷人。

當然，我們在和別人聊天時，適當的開玩笑也是可以的，但我們在開玩笑時注意下面幾個重點：

◎考慮對方的接受程度

我們在開玩笑時，一定要考慮到對方的接受程度，我們的玩笑是否會踩到對方的底線以及對方是否會因此受傷。如果無所顧忌地亂開玩笑，對方一定會被惹惱。

◎玩笑的內容要得體

一個人開什麼樣的玩笑，代表了他的思想水準、道德修養和審美情趣。低俗不雅的玩笑會暴露他庸俗的品味和低級的思想，還會令對方懷疑他的人品。優雅得體的玩笑，可以體現一個人高雅健全的志趣和高情商。得體的玩笑能為雙方帶來精神上的愉悅，而低俗的玩笑則像精神汙染，會讓人反感。

◎開玩笑時動作要得體

小王和老李是同一間辦公室的同事，雖然年齡有差距，但兩人之間的關係十分融洽，平時經常在一起說說笑笑。有一次，兩人卻因為一個玩笑而鬧僵。事情是這樣的：老李在修改文件時出現了一個錯別字，小王發現後說：「老李，你今天沒戴眼鏡嗎？」並順手敲了一下老李的額頭，老李覺得十分惱火，他認為小王這麼做實在是很沒禮貌。

我們在開玩笑時往往會伴隨著一些肢體動作，儘管這些肢體動作也許是我們不經意間做出來的，但是也可能會給對方帶來不好的感受。所以我們在開玩笑時一定要注意控制肢體動作，千萬不能因為得意忘形而做出沒分寸的行為。

◎開玩笑的態度要友好

我們開玩笑的目的是活躍氣氛，拉近彼此的距離，讓別人留下好印象，所以開玩笑的態度也很重要。有些人在開玩笑時抱著不友善的態度，趁機諷刺和挖苦別人，最後還要說別人開不起玩笑。這樣做非常容易引起衝突，即便對方這次不計較，下次也不會再願意和你來往。

◎開玩笑要分清場合

有些場合適合開玩笑，有些場合不適合開玩笑，我們開玩笑一定要看場合。比如，氣氛嚴肅的會議中，不要隨意開玩笑；主管再說話時，不要隨意開玩笑；出席喪禮時，更不能開玩笑。

職場人士尤其要注意在辦公室裡開玩笑的分寸，太過輕佻的玩笑會讓同事和主管覺得你不可靠、不踏實，對你的職業生涯非常不利。

◎開玩笑要看對象

同樣一個玩笑，在不同的人身上會有不同的效果。有的人外向豁達，並不介意一些無傷大雅的玩笑。而有的人敏感多思，是開不起玩笑的。

此外，開玩笑時還要看對方心情，對方心情好的時候，可能不會計較你稍微過火的玩笑；碰到對方心情不好時，普通的玩笑也會招來對方的白眼。

長輩或者晚輩在場時，不要開輕佻的玩笑，尤其是不要涉及男女之情。不熟悉的異性之間最好也不要開玩笑，尤其是男性不要對不熟悉的女性開玩笑，因為你的玩笑有可能會讓對方感到難堪。

在說話時適當的開玩笑能有錦上添花的效果，但不得體的玩笑不僅自身形象大打折扣，還容易得罪人。所以，我們在開玩笑時一定要注意以上幾點，這樣才能避免玩笑過度。

打斷別人的話，讓人無話可說

隨意打斷別人說話是非常讓人反感的行為，每個人都應該盡量避免。即使對方的觀點我們早已經想到過，或者有更深、更好的見解，但也不要急著打斷他。打斷對方、急不可耐地發表自己高論的行為，會傷害對方的自尊，大大地降低對方和我們交談的意願，那麼，下次他可能就不願意再和我們聊天了。

總是打斷別人，會讓別人「無話可說」，讓對話進行不下去。而且，打斷別人，還會讓我們無法接收到別人話語中的完整意思，進而引起誤會。

先來看一個案例。

小張打電話給女朋友，安排明天晚上的約會，他說：「明天你自己先去餐廳，我要晚一點再過去……」他的話還沒說完，女朋友就大聲說：「為什麼要我一個人先去？明天是我生日，說好要一起慶祝，現在讓我一個人去，你到底什麼意思？」

小張說：「我要先去拿給你的禮物啊！今天拿不到，明天下班前才能拿到。」女朋友再次打斷小張的話：「為什麼不帶我一起去？」

小張再也忍不住了，他有些生氣地說：「你讓我把話說完可以嗎？拿禮物的店到餐廳有點遠，天氣這麼熱，我不想要你跑這麼遠，安安心心在餐廳等我就可以了。」女朋友聽完小張的話感到非常不好意思。

從小張和女友的對話中我們可以看出，聊天時隨意打斷對方的話，不僅容易讓雙方產生誤會，還會讓對方感到十分惱火。所以，與人聊天時應該有來有往，我們說完了，也應該讓對方發表自己的看法。當對方與我們意見相左時，我們也要保持理智，不要馬上自以為是地反駁。

不打斷別人的話是一種有耐心、尊重他人、尊重自己的表現，展現了我們的修養和風度。同時，不打斷別人的話也是一個重要的說話技巧，能讓我們在與人聊天時獲得對方的好感和尊重。

而隨意打斷別人的話會讓別人對我們產生粗魯、無禮的壞印象，還會影響我們接收對話中的有用資訊。我們每個人都是有盲點的，不可能全面了解所有的事，所以當別人說話時我們不要去打斷，而是要帶著客觀的態度去傾聽，把聽別人說話當成一種學習，這樣我們不僅會收穫一些感悟，也能藉此發現別人的優點。

不過，不隨意打斷別人的話並不代表我們不能有自己的判斷，在不打斷別人的前提下，我們也可以引導話題，把聊天的話題變成雙方都感興趣的。不打斷別人的話，不是讓我們當啞巴，而是要用更高情商的方法去對話。

那麼，怎樣做才能既不打斷別人的話，又能掌握談話的方向呢？我們可以參考以下兩點：

◎不打斷別人的話，但要判斷他的話

聽別人把話說完的同時，我們也要對他的話做出判斷。從他的話中，我們可以得出許多資訊，比如他說話的動機、他的話是否真實可信、他說的是否對我們有利。俗話說：「聽話聽音。」我們要學會聽別人的言外之意。只有讓別人把話說完，我們才能了解他的真實想法。

◎不打斷別人的話，但可以引導他

聊天時不打斷對方的話，不代表我們要被對方牽著鼻子走。當聊天的氣氛變緊張，或者話題跑偏時，我們可以用明智的辦法去引導對方，把話題重新帶回雙方都感興趣的領域，讓對話順利進行下去，讓交流氣氛更輕鬆和諧。

當我們不打斷別人，做一個耐心聆聽的好聽眾時，我們便會得到對方的喜愛和尊重，同時也能開闊自己的視野、豐富自己的思想、提升自己的理解能力。最重要的是，我們與別人的交流才會變得更加順暢。所以，我們在與人聊天時，一定要時刻自省，時刻提醒自己，不要隨意打斷別人的話。

過於武斷，讓人懷疑又疏遠

一般情況下，高情商、會說話的人在說話時，往往不會把話說得太武斷，而會留餘地給自己。正是如此，他們才總能立

於不敗之地。而那些總是喜歡把話說得太絕對的人，往往會讓人產生懷疑，一旦出現意外情況，不僅會讓自己難堪，也會失去對方的信任。

我們先來看一個案例。

舒舒是公司專案部的組長，工作能力很強，可她有一個不太好的地方，那就是每次說話時總是把話說得很死，不留一點餘地。

一個星期前，公司接手了一個難度較大的專案，主管希望能一舉拿下，因此主管把工作能力較強的兩個小組組長——舒舒和王亮，叫到辦公室對他們說：「這個專案對公司非常重要，可以說事關公司的未來，如果讓你們來做這個專案，你們能做好嗎？」

舒舒聽完後，立刻表示說：「主管，這個專案交給我來做請您放心，我一定會完成任務。」主管聽完後問道：「如果到時候沒有完成任務呢？你打算怎麼辦？」舒舒說：「如果沒有按時完成任務，我主動辭職。」

主管轉過頭問王亮。王亮並沒有像舒舒那樣立刻表明自己的態度，也沒有像舒舒一樣把話說得太絕對，而是認真地看了看專案企劃，說：「這種類型的案子我以前接觸得不多，到時候可能要根據實際的情況再看看，我不能保證一定會成功，但是如果您願意相信我，讓我接手這個專案的話，我會盡自己最大的努力來完成。」

主管深思熟慮後決定讓王亮來負責這個專案，舒舒百思不得其解。

在上述案例中，主管聽到兩種不同的回答後，沒有選擇舒舒，是因為她把話說得過於絕對，讓人產生了懷疑。相比較而言，王亮說的話就沒有那麼死，他先從自身經驗出發，然後再根據專案的實際情況向主管表示會盡全力。這樣說會讓主管覺得他是一個既謹慎又誠懇的人，把專案交給他更放心。

其實，在現實生活中，像舒舒這樣的人比比皆是。他們總是自信滿滿，認為憑自己的能力，是一定可以完成任務的。殊不知，世事難料，把話說得過於絕對，反而會讓人產生疑慮。

如果我們總是把話說得太死，就好比往已經裝滿水的杯子加水，或是往已經充滿氣的氣球吹氣，結果是可想而知的，水勢必會溢出來，氣球一定會爆炸。正所謂「水滿則溢，物極必反」，說的就是這個道理。

現如今，社會複雜多變，凡事皆有例外，所以，我們在開口說話前，一定要做好充分的考慮，切忌把話說得過於絕對，讓人產生疑慮。在說話時只有給自己留點餘地，才能進退自如。比如，在說話時，我們可以多用一些緩和、疑問的措辭，盡量少用一些肯定的措辭。

那麼，我們要從哪幾個方面入手，才不至於把話說得太絕對呢？以下建議值得參考：

◎考慮問題面面俱到

我們在說話前，一定要全面權衡利與弊，經過深思熟慮後再給予對方答覆。這樣，對方才會更信服我們。有時候，就算我們勝券在握，也不能絕對地應承，而是要先幫自己找好臺階，以防萬一。

◎言語措辭要恰當

我們在與對方交流時，一定要掌握說話的技巧，注意言語措辭要恰當，可以用「我盡量」、「我試試」等字眼，少用「我保證」、「我一定」等字眼。因為太過絕對的話語，反而容易讓人產生疑慮。而且，世事難料，要先幫自己留後路，這樣我們才不至於在發生狀況時，處於被動的地位。

其實，無論我們是在怎樣的情況下與對方進行交流，我們都要堅持說話時「點到為止，切忌過於絕對」的原則，只有這樣，才能讓別人更信服我們所說的話，才能在壞情況來臨時有迴旋的餘地。

與人爭辯，永遠是雙輸

總有一些人在說話時喜歡與人發生爭執，甚至爭吵。

很多時候，當我們對某件事發表自己的見解時，我們往往是想弄清楚別人對這件事情的看法是否與我們一致。當別人與我們的看法一致時，我們就會感覺欣慰；而一旦別人的看法與我們不一致，我們就會感覺到不愉快，有時候為了說服對方，便會產生爭執，甚至將爭執演變成更失控的局面。

正如卡內基所說的那樣：「天下只有一種方法能得到爭論的最大利益，那就是避免爭論。」

事實上，爭辯是永遠沒有贏家的，失利的一方固然不悅，即便是勝利的一方，也會在爭辯中「受傷」。

下面的案例，或許可以帶來一些啟發：

王妍是一家西點店的老闆，平時總是和藹可親的樣子，員工們都很喜歡她。

有一天，店裡來了一位女士，點了一杯紅茶，但是沒過一會兒，女士就發脾氣了，大聲吼道：「你們店就是這樣做生意的嗎？牛奶是壞的，把一杯紅茶都糟蹋了。」

王妍連忙上前向顧客道歉，還讓店員為女士換一杯新的紅茶，新紅茶和之前的一樣，碟子的旁邊擺放著新鮮的檸檬和牛奶，王妍把紅茶放到女士的面前後，輕輕地對女士說：「您好，給您一個建議，如果您放檸檬就不要再放牛奶了，有時候檸檬酸會讓牛奶結塊，那樣就不好喝了。」

女士聽完王妍的話，臉一下子就紅了，沒有再說什麼。

下班後，店員不解地問王妍：「白天的事，明明是那位女士錯了，您為什麼沒有和她爭辯？還對她客客氣氣的？」

王妍說：「其實，在我看來，這些爭辯是沒有必要的，因為道理一說就明白，為什麼要爭辯呢？正是因為她生氣了，我才要用婉轉的方式來告訴她。只有那些理不直的人，才會用氣壯來壓人。」

店員聽了王妍的話，對她更敬佩了。

佛語有云：「恨不止恨，唯愛能止。」有時候，哪怕我們是理直的那一方，但如果用爭辯的方式試圖讓對方認同我們的意見，那麼問題依舊會存在。要知道，與人爭辯永遠不會贏，爭辯不會讓我們滿足，但是讓步卻可以讓我們得到更多。

很多時候，一場爭論結束後，那些爭辯的人依舊會堅持自己的意見，並相信自己絕對是正確的。其實，爭辯是永遠解決不了問題的。即便我們在爭辯中勝利了，我們強迫對方接受了我們的意見，可是輸了的一方也並不會因此而改變觀念，相反還會因為我們的勝利而感到不滿和不服氣。要知道，逆著對方的意見說服對方，不僅無法達到說服的目的，還會傷害到對方的尊嚴。

其實，在交流的過程中，避免爭論才是獲得利益的唯一方式。為了避免毫無意義的爭辯，我們不妨對以下問題進行思考：

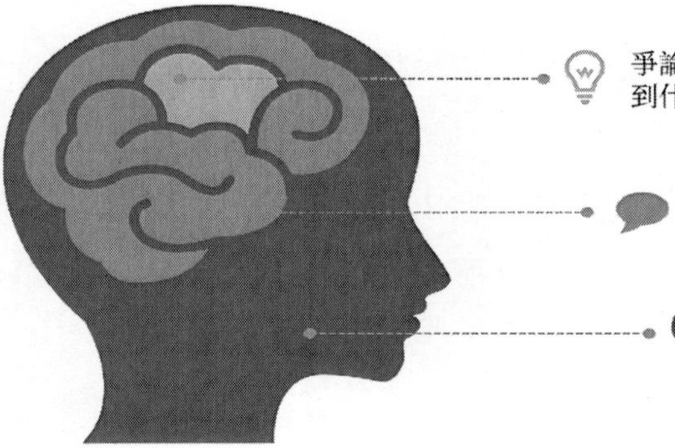

圖 3-1　與人爭辯前思考的 3 個問題

◎爭論贏了，我們可以得到什麼？

如果以上問題的答案是：沒有意義，那麼我們大可不必爭得你死我活，而應該一笑置之。有時候，如果無法避免發生爭論，也一定要選擇值得探討的議題來進行爭辯，不要把精力浪費在瑣事上。

◎爭論的欲望是基於理智還是感性？

爭辯的本質是探索真理，而不是為了虛榮和面子。我們要清楚自己的內心，並反問自己爭辯的欲望究竟是基於理性還是基於感性？如果是基於感性，最好就此打住，因為這已經與探索真理背道而馳了。

◎對方有敵意嗎？對我們有很深的成見嗎？

如果是，此時我們最好不要與對方爭辯，因為在這種非理性的氛圍下爭辯，只會引起不必要的麻煩。同樣的道理，如果我們也是出於這樣的心思，那麼更不能主動發起爭辯，因為此時的你也是不理智的。

有人說，爭辯是為了給自己爭面子，可往往事與願違。因為爭辯不僅沒辦法爭面子，而且還會失去對方對自己的好感。當我們與對方爭辯的時候，就是給自己樹立「敵人」的時候，無論爭辯的結果如何，我們都很難再得到對方的好感。要知道，與人爭辯，永遠不會贏。

狂妄自大，說出口的話在毀掉你

與人交流的時候，最忌諱的就是出言狂妄，因為出言狂妄的人最容易惹麻煩。比如，一個剛剛做出一點成績的人，就驕傲自滿，目空一切，還口出狂言，這樣很容易就造成因為能力不足而無法收場的局面。

口出狂言，麻煩也會跟著來。如果我們想少惹麻煩，就要時刻注意自己說話的措辭，不能讓誑語成為我們的阻礙。

下面案例中的劉明就是一個反面教材。

劉明是公司的技術專員，在公司有很高的地位。雖然他的智商很高，但是情商卻很低，在同事面前他總是一副高高在上的姿態，對公司的行政人員更是不屑一顧，有時候還口出狂言。

公司規定，所有的員工在領取辦公用品的時候都要填寫申請表，可他偏要顯得與眾不同，就是不填，並且還認為是別人在找碴，惡語相向地對行政人員說：「你不就是為我們服務的嗎？」

又有一次，他在領用辦公用品的時候，再次口出狂言地說：「你們辦公室有什麼了不起的啊？就你們規矩最多，要不是我這個衣食父母養著你們，你們就得去喝西北風！」

此話一出，立刻引起公憤，辦公室所有的同事都要求他道歉，最後，在總經理的勸說下才息事寧人。這件事情以後，雖然大家表面上沒說什麼，但心裡都很討厭他。

不久，公司新入職一名技術人員，劉明不再是公司唯一的技術專員了，他心裡失落極了。更讓他難堪的是，以前被他奚落的同事總是當著他的面和新同事開玩笑：「我們公司的技術人員可是我們的衣食父母呀，我們要抱緊你的大腿才行……」

再後來，劉明發現公司的同事都不理睬他了，這讓他覺得十分無趣，最後只好辭職走人。

每個人的能力雖然有高低之分，但是人格不應該有貴賤之分，每個人在人格上都是平等的，我們沒有任何理由看不起別人，更不應該將這種貶低透過語言表達出來。要知道，口出狂言是最愚蠢的自毀方式。

下面，我們再來看一個大家所熟知的 NBA 史上因口出狂言而惹麻煩上身的故事。

當初姚明進入 NBA 火箭隊時，許多隊員都看不上他，特別是原 NBA 球星巴克利（Charles Barkley）。巴克利甚至在 TNT 電視臺節目上口出狂言，揚言只要姚明能在職業生涯的任何一場比賽中得到 19 分，他就去親吻驢的屁股。

後來有記者把巴克利的話轉述給姚明，姚明不僅沒有生氣，還幽默地說：「那我就天天拿 18 分吧。」

結果，在 2002 年火箭隊與湖人隊的比賽中，姚明一舉拿下 20 分，這讓巴克利傻了眼。

最後，巴克利不得不為自己的口出狂言而付出代價，硬著頭皮履行自己的「諾言」，對著鏡頭親吻了驢的屁股。

巴克利為自己的口出狂言付出了代價，也因此一直被人嘲笑。

我們在日常生活中也經常會遇到各種口出狂言的人，這類型的人總是喜歡高看自己，可實際上他們卻渺小不自知。正所謂「禍從口出」，那些口出狂言的人，輕則容易招麻煩，重則會招來禍端。因此，我們在與人交流的過程中切忌狂妄自大、口出狂言，以免給自己招來不必要的麻煩。

揭人傷疤，傷的不只是人心

英國作家湯瑪斯．富勒（Thomas Fuller）曾經寫道：「失足引起的傷痛很快就可以恢復，然而，失言所導致的嚴重後果，卻可能使你終身遺憾。」因此，一個人若想與他人建立良好的人際關係，就必須牢牢記住：言談之間不要去攻擊別人的痛處。

被人觸及內心的痛處，對任何人來說都是一件不開心的事。但生活中，總有那麼一些人口不擇言，喜歡揭對方的傷疤，甚至讓對方當眾出醜，取笑對方，並以此來獲得內心的滿足與快感。

在待人處世中，雖然好聽的場面話人人都能說，卻並不是誰都能說得恰到好處。也許，一不小心，我們就會踩到地雷，碰到別人的傷疤和痛處，對別人造成傷害。俗話說「寸有所長，尺有所短」，每個人身上都有著不同的特色，在待人處世中，我們要學會多發現對方身上的優點、誇獎對方的長處，千萬不可利用他人的隱私、傷疤和痛處來大做文章，因為碰觸別人的傷疤，傷的可不只人心。

生活中，有些人揭開他人傷疤是故意的，他們常常將這視為攻擊對方強而有力的祕密武器；也有些人是無意的，他們往往是因為一時的失誤而觸犯了對方的忌諱。但不管有心也好，無意也罷，在待人處世中揭人傷疤都會對他人造成傷害，輕則影響雙方的感情，重則導致友誼的小船說翻就翻，甚至絕交老死不相往來者也大有人在。

有位年輕的女孩，她是屬於喝水都能長胖的體質，為此她的內心非常苦惱。某天，同事小麗故意調侃她：「你最近伙食很好哦，這才過幾天，你怎麼就又變胖啦！」

胖女孩一聽這話，立刻惱羞成怒：「胖怎麼了，我胖我驕傲！而且關你什麼事啊？又不吃你的喝你的，真是多管閒事！」

瞬間，小麗的臉就紅了。很明顯，正在減肥的胖女孩心裡最害怕有人說她胖，但小麗明知對方的痛處，卻還故意沒事找事去嘲笑對方，這自然就犯了對方的忌諱，不被罵才怪！

當然，也有一些人揭傷疤是屬於好心辦壞事的那種。比如，一個人失戀了，傷心不已，你本是好意安慰她：「我早就看出他不是什麼好人」、「像他這樣狼心狗肺的人，說的話肯定都是騙你的」、「很明顯，他做的一切都是裝出來的，是在欺騙你的感情。」諸如此類的話一說出口，勢必會讓失戀者在傷心之餘，內心又平白增添幾分煩惱與憂愁，不僅沒辦法安慰到人，還會火上澆油，揭了人家的傷疤，戳到對方的痛處。

此時，最合適的安慰方法應該是和失戀者分享一些搞笑或快樂的趣事，讓對方在談笑間慢慢地忘卻痛苦與煩惱，尤其要避開一些敏感類的話題。

俗話說得好，「說話留三分，做人不失禮」。不管在什麼情況下，我們都不要去碰別人的痛處，也只有這樣，在與人溝通的過程中我們才能左右逢源、更受歡迎。

大談別人隱私，信任瞬間瓦解

一般情況下，人們都會對自己的隱私守口如瓶，選擇把自己的隱私爛在肚子裡。但凡事都有例外，有的朋友之間出於信任，也會把自己的隱私告訴對方，希望這個祕密，天知，地知，你知，我知就好。當然，也有一些隱私是屬於對方不經意間洩露出來的。

隱私是私密的，絕不能成為茶餘飯後的談資。所以在說話時，我們一定要謹言慎行，守口如瓶，寧可「沉默是金」，也不要去大談特談別人的隱私。要明白，守住了別人的隱私也就是守住了別人對你的信任，不能保守祕密、守不住隱私的人，只會令信任自己的朋友徹底失望。

李飛和王浩是一對從小一起長大的好兄弟，他們對彼此的情況都非常了解。後來，李飛去外縣市上大學，王浩去了一所普通的職校，兩人便很少見面了。有一次李飛帶著自己的女朋友回老家，正好王浩也回去了。於是，二人相約聚一下。

由於很久未見，兩人相見甚是激動。酒過三巡，喝得有些微醺的王浩便在李飛的女朋友面前開始說起了李飛小時候的一些事情。他說：「想當年，李飛為了追我們班花，可是歷經了千難萬阻。有次放學後，李飛想做護花使者送班花回家。結果人家根本不領情，到了家門口就直接放狗，班花家的那條狗不僅又肥又壯，而且還特別凶悍，嚇得李飛拔腿就跑。眼看就要被狗追上了，李飛急中生智趕緊爬到一棵樹上。本來以為可以躲過一劫，但這棵樹太矮了，狗跳起來就咬到李飛的褲腳。然後，李飛的褲子……哈哈哈……後面的不說你也知道，雖然褲子沒了，但是狗還是不肯走。於是李飛只好抱著樹幹不放手，當時那個樣子引得過路的人都駐足觀看呢！後來，還是一位路過的老伯實在是看不下去了，用一根小木棍把狗趕走，才幫李飛解圍。」

王浩一邊說一邊還手舞足蹈地做出一些誇張的動作，期間李飛一直用眼神示意王浩不要再說了，但是談興正濃的王浩哪會注意到這些，依然繪聲繪影地講個不停。但對於李飛來說，在自己的女朋友面前提起這樣的糗事，未免有些太尷尬了。尤其是後來，女朋友還總拿這件事情來說，更是弄得李飛有苦說不出，心裡不停地埋怨王浩，並發誓以後凡是有外人在場的情況下，再也不約王浩了，以免他一不小心又說出自己的小祕密，把黑歷史都抖出來，讓自己顏面掃地。

在這個案例中，王浩說話沒分寸，揭露了李飛的隱私，失去了李飛這個好哥們對自己的信任。假如王浩在說話時能知輕重、言之有忌，或許就不會出現這種情況了。在說話時，我們一定要記得三思而後行，什麼話到了嘴邊先想一想，不該說的就千萬不要說，不要去挑戰別人的底線。

當然，想要守住一個祕密也並不是一件很容易的事，畢竟別人的隱私藏在自己的心裡，無形中也是一種壓力。既然說也不是、守也不易，那我們到底應該怎麼做呢？

相信大家都聽過「左耳進，右耳出」這句話吧！這句話的意思是說，一個人不把別人的話放在心上，左耳剛聽進去，右耳立刻就隨風飄散出去了。在傾聽與守護別人的隱私時，這句話卻是非常重要的。可以說「左耳進，右耳出」是守住別人隱私的最好方式。

當然，想做到「左耳進，右耳出」也是一種高深的境界，需要我們在任何時候都保持理性。守住別人的祕密，才能更好地贏得別人的信任。否則，大談他人的隱私，只會失去朋友的信任。

第四章

抓住 6 大關鍵，讓聊天一路嗨到底

許多人在聊天時，要麼不知道怎樣開口，要麼容易冷場，要麼無法讓話題深入，而這一切，都是不會說話的緣故。語言是溝通的橋梁，所謂溝通，不僅要說話，還要讓所說的有意義、能得到對方的回應。而要做到這一點，就必須抓住聊天的關鍵，掌握說話的技巧。

營造輕鬆愉快的談話氣氛

好好說話並不是一件容易的事，它既是一門學問，又是一門藝術。每個人都會說話，為什麼有些人會備受歡迎，有些人卻討人厭呢？是因為那些討人厭的人在說話時沒有營造愉悅的氣氛，不能讓對方感到放鬆。同樣一句話，由不同的人來說，效果是截然不同的，會說話的人往往能使人感到放鬆、愉悅；而不會說話的人，往往會在無形之中得罪他人而不自知。

俗話說得好：「一句話讓人跳，一句話讓人笑。」而讓人跳還是笑的關鍵便在於，說話時有沒有注意當下氣氛，說出的話是否能讓人感受到輕鬆和自在。

那麼，什麼是談話氣氛呢？談話氣氛就是指人們在交流的過程中，雙方在情感與心理上所產生的共鳴與連結。可以說，談話氣氛對交談非常重要，如果說話的氛圍輕鬆，那麼雙方在交流時就會心情愉悅，妙語連珠；反之，如果說話氛圍死氣沉沉，那麼雙方的交流則話不投機半句多。

那麼，我們怎樣才能在交流時營造愉悅的談話氣氛呢？以下提供 8 個活躍氣氛的技巧，希望能夠幫助到大家：

◎引起共鳴

交流應該是彼此之間暢所欲言，不是一個人唱獨角戲。因此，在交談時最好能找到彼此都關心、都感興趣的話題，雙方擁有共同的感受，才能引起情感上的共鳴。你來我往的對談才能使氣氛更融洽，也比較不容易冷場。

◎偶爾惡作劇一下

適當、適時的惡作劇可以活躍氣氛，讓人們在開懷大笑的同時也能享受到擺脫束縛的輕鬆，產生意想不到的效果。當然，這裡說的惡作劇是指善意的惡作劇，而絕非惡意的惡作劇。

◎搞怪問答

有時候，我們在說話時還可以穿插一些搞怪的問答，用一些看似荒謬實則有深意的問題去活躍氣氛，否則，一直一本正經的樣子，只會讓人覺得毫無趣味，沒有樂趣可言。

◎小道具用途大

不要小看道具的作用，它往往能讓我們的對談產生意想不到的效果。當我們在交流時陷入了冷場、尷尬的情況，就可以拿出隨身攜帶的小道具，比如：一個精緻的吊飾、一個精緻的鑰匙扣等，開啟新的話題，緩解過程中出現的冷場。

◎適當幽默

雖然社交場合要端莊，但太嚴肅端莊只會讓氣氛一直處於緊張、不放鬆的狀態，這樣是不利於交流的。如果我們在說話時能適當增添一點幽默感，就可以用輕鬆的方式與對方交流，這樣不僅能緩和緊張的氣氛，還能讓對方產生與我們交流的想法和興趣。

◎製造懸念

大家都知道，在相聲裡，相聲演員通常都會設計一個「哏」，之所以這樣安排，是為了讓大家集中精力、全神貫注。同樣的道理，我們在說話時也可以製造懸念，使對方時刻關注我們的一舉一動。而且，當懸念解開時，對方會發現這原來是虛驚一場，而倍感輕鬆，會心一笑。

◎給一些無害的「傷害」

現實中，就算是親密無間的戀人也會有衝突，彼此間開個玩笑，互相吐槽幾句。其實，這些無害的「傷害」有時候反而能讓彼此更親密，讓關係無拘無束。事實上，我們在交流時也可以如此，偶爾給對方一些無害的「傷害」，可以營造愉悅的談話氣氛。

◎適時的讚美

沒有人會反感他人的讚美，就算是表面上不在意，心裡也會情不自禁地高興。在交流的過程中我們要善於發現對方的優點，並適時地讚美對方，這樣不僅可以迅速地拉近彼此之間的距離，還能活躍氣氛。當然，讚美不是阿諛奉承，更不是流於表面的浮誇，而應該是發自肺腑的真情流露。

總之，談話是需要氣氛帶動的。輕鬆愉悅的談話氣氛才能使交流雙方心情愉快、妙語連珠，這樣的交流才是真正的交流，才是有意義的交流。在日常的生活中，許多談話之所以不歡而散，一個關鍵的原因便在於沒能營造輕鬆愉悅的談話氣氛。

善於傾聽，溝通更順利

人和人之間說話不僅是為了傳遞訊息，更是為了交流情感，會說話的人不僅會說，而且也會聽。在傾聽中，我們可以收集對自己有用的資訊，然後再將這些資訊運用到對話中，讓交流更順暢。

傾聽也是對話中重要的一環，誇誇其談不代表會說話，惜字如金也不代表拙於言辭，會傾聽的人才更會說。甚至，在某些關鍵時刻，聽比說更重要，因為你要仔細地傾聽才能得到你想要的資訊，才能把話說得更圓融，才能使對話更順暢。

美國作家傑克·伍德沃德（Jack Woodford）說：「很少有人能抵擋全神貫注傾聽所隱含的讚美。」下文中卡內基的故事，或許可以給我們一些啟示：

有一次，卡內基到一個植物學家家裡做客，吃完晚餐後，植物學家就和卡內基聊起了各種千奇百怪的植物，一講就是一整個晚上，絲毫沒有停止的意思。而卡內基也沒有表現出不耐煩的神態，反而聽得津津有味，就像是一個專心聽故事的小朋友，只有碰到疑問時，才會打斷植物學家的話，然後又聚精會神地聽起來。

第二天早上，當卡內基離開的時候，植物學家緊緊地握著卡內基的手對他說：「到目前為止，你是我遇過最好的談話專家。」

為什麼卡內基整個晚上只是聆聽，幾乎什麼話也沒說，卻獲得了「最好的談話專家」的美譽呢？或許，這就是傾聽的魅力！在與對方的交流中，如果認真傾聽對方說話，可以獲得以下好處：

◎更能理解對方說的內容

在交談的過程中，如果我們沒有注意聽，就無法準確地理解對方說的內容。因此，我們要善於傾聽，從眾多資訊中找出重點，這樣才能更理解對方說的內容，使交談更順暢。

◎更正確地做出判斷

如果我們沒有認真傾聽對方說話，就不能真正了解他內心的想法，也就不能做出正確的判斷。而在交流中，正確的判斷有助於我們更深入交流。

◎更能影響對方

傾聽可以幫助我們找到更有效影響對方的方式。因為對方在說的過程中往往輸出了各種訊息，而這些訊息，就是我們能影響對方的關鍵。當我們帶著目的、全神貫注地去聽，並且把聽到的各種資訊融會貫通時，我們就能找到影響對方的方法。

總之，掌握溝通聆聽技巧，並在傾聽中適時回應，是維繫情感、滿足需求不可或缺的人際橋梁。那麼，我們應該怎麼傾聽呢？

談到關於如何傾聽，我們首先要弄清楚「傾聽」與「聽」的區別。所謂傾聽，就是人們積極主動地汲取對方說話的內容，掌握並理解對方真正的意圖。在傾聽的過程中，我們會作出回應，並且與對方產生達成共識；而聽只是人體感官對聲音作出的一種生理反應，是被動的接受。

在傾聽過程中，我們還要注意以下技巧，才能使交談更順利。

◎讓對方有回話的機會

在交談的過程中，我們不能一味地自說自話，而應該引導對方，讓對方有回應的機會。比如，我們可以這樣引導對方：「我想知道您對這件事情的看法」、「我想聽聽您的經驗」等。

◎傾聽時請保持開放、專注的態度

開放則代表著我們能接受對方的觀點，而專注能展現我們對對方的尊重，即便對方的話說過多次，我們也不能因此心不在焉、三心二意，也應該保持專注。

◎按對方的意願展開談話

傾聽可以幫助對方梳理及完整他的想法。在傾聽的過程中，可以適當提及對方的話做一些引申，讓談話按照對方的意願展開，比如「就像你剛才說的……」、「正如你所指出的那樣……」等。這樣做既可以表示你重視並記住了對方的話，也可以讓對方感覺到你不僅有在聽，而且在思考。

◎注意提問

在傾聽時，如果我們有沒聽懂的地方，最好能及時提出，請對方再解釋一次，這樣做一方面能幫助我們更了解對方所說的內容，另一方面也說明我們是認真地在傾聽，不是走過場。

◎適當引導，控制說話的節奏

並不是每個人在交談時都能控制好談話節奏的，有些人總是喜歡一件事反反覆覆地說，而有些人總喜歡說些跟話題無關的話，或是不停地嘮叨陳年舊事。此時，身為傾聽者，我們就要適時引導對方，讓交流重新回到正軌上。

總而言之，不管在什麼場合，我們都要善於傾聽，這不僅展現了我們的自身素養，更是使交流能更順暢的關鍵之一。

巧妙插話，引導對話方向

當我們和很多人在一起聊天時，在適當的時機插入對話很重要了。有些人總是不等對方把話說完就中途插嘴，或是在對方說話時一言不發。其實，不管是上述的哪一種交流方式，都是不恰當的，前者很容易讓對方反感，而後者又會讓對方感到尷尬。

在交談中，適時、巧妙地插話是一個非常重要的技巧。在了解插話的方法之前，我們先來看一個案例：

公司年終總結會議後，同事們聚在一起聊天。小劉抱怨道：「每年開完年終總結會議，我都覺得很受傷，主管每次都藉著會議對我們又抱怨又批評，我看根本不是總結大會，倒像審判大會，以後乾脆改名叫審判大會好了。」

正在整理資料的小王聽到這種消極的發言後，想糾正小劉的觀點，但見小劉正說在興頭上，於是她忍住了想說的話。

等小劉吐槽完了，小王這才插話道：「小劉，我與你的看法剛好相反，我覺得總結大會是員工和主管直接交流的機會，也是我們獲得主管支持的機會。就像上次的總結會議主管與我聊了半個多小時，並提出很多好的方法和建議，後來，我的業績確實提升了很多。」

由於事實擺在眼前，小劉也不好反駁，便妥協道：「嗯，整體而言還是有好處的，我剛才想說的是……」

其實，案例中，小王反對小劉的消極觀點，但是她並沒有直接打斷小劉的話，而是等小劉把話說完後，才適時回應。假如小王突然打斷小劉的話，然後插嘴表明自己的觀點，只會讓小劉對她這個「半路殺出來的程咬金」感到反感，甚至是牴觸。所以，如果想讓自己回應的話有效果，就一定要選對時機，不可突然插嘴。

只有在適當的時機回應，才能達到應有的效果，如果在不適當的時機插嘴，那麼乾脆不要說。一般來說，回應的最好時機是在對方將一層意思完整表達清楚，話音落定之後，切記不要在對方還沒有說完時就直接打斷，這樣既不禮貌，又會打斷對方的思路，容易引起對方的反感。

那麼，我們要怎樣回應才不會讓人反感呢？以下提出一些實用建議：

◎注意回應的方式

很多人常常會採取提問的回應方式，例如：「你可以把剛才那句話的意思再解釋一次嗎？」一些人甚至會在回應時不經大腦脫口而出：「我不太明白剛才這個問題的意思。」事實上，這些插嘴的方式都是不對的，如果能變換一種方式，例如：「不知道我理解的對不對，你的意思是不是……」或許會是更好的回應方式。

◎想好要回應的內容

當我們準備回應的時候，最好先想好要說的話並抓好開口的時機，不要急著插嘴。如果還沒想好就開口，那麼我們說出來的話就容易顯得語無倫次，這樣不僅沒達到回應的效果，而且還會影響談話雙方的心情。

◎不要在對方說話中間突然插嘴

假如我們在與對方交談的過程中，有沒聽懂的地方，或是有聽漏的地方，也不要在對方說話的中間突然插嘴提問，而是應該等對方把話說完後，再提出自己的問題。比如：「不好意思，剛剛您中間說的是……」、「關於剛才說的問題我沒有聽懂，麻煩請您再說一遍」等。千萬不要在對方還在說話的時候說：「等等，你把剛才的話再重複一遍，我沒聽清。」這種方式只會讓對方產生反感，使談話陷入尷尬的境地，導致談話中斷。

◎注意你回應的對象

其實回話也是要看人的，不是誰都可以亂插嘴。如果是比較熟悉的朋友還無傷大雅，但如果是上級主管，最好少插話為妙，如果真的有不同意見時，可以透過其他管道反應給主管。在長輩們說話時，最好也不要隨意插嘴，否則會顯得不尊重長輩。

◎始終保持中立的態度

回應技巧的關鍵就在於，始終保持中立的態度，就是不對對方說話的內容多做評價，不對對方情感的是非做判斷。我們可以在非語言訊息中透漏我們的立場，但是不能在直白的語言中表明我們的態度，這是我們要遵守的談話技巧中重要的原則。

總之，回應是在自己和他人之間想像出一條「輸導管」，當你掌握了巧妙回應的技巧，就可以更輕鬆的主導對話。

說話有的放矢，先搞清楚目的

世間萬物都有其存在的目的和意義，就連最簡單的對話也不例外。無論是正式場合的開會發言、媒體訪談，還是情侶間的甜言蜜語、朋友間的閒話家常，無一不是為了實現某些交際目的而進行的。所以，我們在說話時，一定要有明確的目的。不然，一不小心就可能讓話題跑偏，讓別人留下一種說話含糊其詞、模稜兩可的印象。

一般來說，導致話題跑偏的原因有很多，但其中最根本、最直接的原因就是缺乏明確的談話目的，以至於廢話說了很多卻讓聽者不明所以，不明白你想要表達的具體意思。

下面，我們先來看一個案例。

某研究所最近申請了一個科學研究專案。為了掌握最新進度，學校便派了一位同仁去相關單位詢問申請的結果。同仁回來後便向學校處室彙報說：「院長，我發現現在辦點什麼事真的好麻煩！為了我們所申請的這件事，我連續跑了好幾趟才見到負責人。結果現在負責審核的單位大樓正在整修，到處都亂七八糟，想找個人真的是大海撈針。就像我們要找的那個開發部，它只是個剛成立的新部門，人已經不多了，還常常外出辦公。誰知道他們外出忙的是公事還是私事？之前我每次去都吃閉門羹！一直到昨天下午才終於讓我逮到他們的主任。結果沒想到世界真小，這個主任是我大學學長，我們很熟。他在大學的時候籃球打得不錯，那時候我們都是籃球校隊的，以我跟他之間的交情，我們研究所申請的這件小事一定沒問題，他也覺得沒問題。這個專案如果審核下來，不但可以發揮我們的優勢，還能面向市場！雖然，他說這件事已經有不少人也開始著手了，但是他很看好我們的這個專案，表示會全力支持我們……」

院長聽他講了一大堆，還沒有說到重點，於是不耐煩地打斷他：「說了這麼多，這專案報告到底是通過了還是沒通過？」見院長急了，這位從進門就一直喋喋不休的同仁這才說：「唉呀，我學長說他們還要再內部討論一下，大家都同意了他們才能核准。本來我也去找了負責人，可是不湊巧，負責人這幾天出差了。所以，我們研究所的這件事只能等到下個禮拜再說了……」

現實生活中，誰都不想和一個廢話連篇的人溝通。那為什麼有些人說話總是會東拉西扯呢？原因就是因為他們不懂怎麼言簡意賅，目的不明確。我們在說話時，一定要言簡意賅，要先說有實際重點、有具體資訊的話，這樣才能取捨掉廢話，才能更清楚明確地向對方表達我們的觀點。

很多時候，我們談話的對象和內容都是不同的，但最終結果都是一樣的 —— 為了達到自己說話的目的。

一般來說，人們說話的目的不外乎有以下幾種：向對方傳遞自己已知的資訊與知識，例如學術報告、產品介紹、現場解說等；引起對方的興趣或者關注，常見的有搭訕、拜訪、應酬等；拉近感情，例如閒聊、閒話家常、敘舊等；鼓舞或激勵對方的鬥志、振奮人心，例如就職演說、畢業典禮和各類活動致辭等；改變對方的觀點或者是想法，如辯論、評論、競選、改革性建議等。

語言是人們日常生活中最常用的溝通工具，倘若我們能夠在說話時目的明確，並適當地運用一些技巧，有的放矢，那麼對我們溝通上就會有很大的幫助。反之，如果談話沒有目的，一味地東拉西扯，半天都沒講到重點，對方不僅會對我們的喋喋不休感到厭煩，也會在對方心裡留下不好的印象。

用「我們」取代「我」，距離瞬間拉近

在說話的時候，如果總是把「我」字放在嘴邊，會給人很自私、以自我為中心的感覺。這樣的人，別人通常不想深交。所以，任何時候當我們在說話，都不要把「我」字放在嘴邊，而應該把「我」變成「我們」，這樣更容易讓對方接受我們的觀點。

在說話時把「我」變成「我們」，百利而無一害。相比於「我」，「我們」會顯得更謙遜、更親切、更悅耳。

說到這，可能有些人會表示疑惑：這一字之差真的有這麼神奇嗎？事實證明的確如此！

案例一：一家大企業招聘業務主管。當招聘資訊發出後，應聘者接踵而至。因為只有兩個職缺，所以這家公司在一輪又一輪的激烈競爭後，從眾多應聘者中挑選出了最優秀的三人，進行最後一輪的角逐。

最後一輪的題目是：「假設你們三人一起野外探險，但是很不幸，你們遇上了極為惡劣的天氣。雖然你們都僥倖活了下來，但很多物資都沒了，只剩下了帳篷、水、繩子、手電筒這四樣東西了。請你們按照這些物品對自身的重要程度進行選擇吧！」

其中一位年輕男子首先回答，說：「我選擇的順序是繩子、水、手電筒、帳篷。」

面試官問道：「說說你的想法，為什麼要把繩子放在第一個順位呢？」

這位年輕男子說：「我想活命，但我也怕再次遇上極端天氣，所以，選擇繩子是想在關鍵時刻能救自己一命。」

另一位女士說：「帳篷、水、繩子、手電筒，這四樣東西我們都需要，都可以幫助到我們大家。」

「我們大家」這個詞，很明顯引起了面試官的興趣，他一臉微笑地問這位女士：「說說你的看法吧！」

女士不慌不忙地解釋道：「帳篷雖然只夠兩個人睡覺，但我們三個人既然一起結伴探險，那自然也可以輪流使用；水是必需品，儘管只有一瓶，但我們大家可以省著喝，共同度過這次危機；手電筒可以在晚上需要的時候再使用；而繩子在關鍵時刻可以把我們綁在一起，以免走失和迷路。」

最後，第三位中年男子的回答也與這位女士的答案大致相同。

結果顯而易見，第一位年輕男子淘汰出局了。

很顯然，第一位男子因為把「我」字掛在嘴邊而讓面試官留下了不好的印象。通常，一個過度以自我為中心，缺乏團隊合作精神的人，企業是不願意錄用的。

案例二：一位身材肥胖的女孩來到服飾店買衣服。可是她看中的衣服卻沒有一件合身，於是她懊惱的看著鏡子中自己的身材接連嘆氣。就在此時，一個和她身材差不多的店員走過來問道：「是不是沒有挑到滿意的？」

「是啊！」胖女孩回答。

「像我們這種身材的人，確實很難買到合適的，這個我很有同感。」

店員的話彷彿一下子就說出了胖女孩的心聲。胖女孩連連點頭說：「對啊，很多衣服我其實很喜歡，但就是沒有適合的尺寸，穿不下。」

緊接著，店員非常有耐心地把自己平時穿衣服和挑衣服的心得分享給了胖女孩，並對胖女孩說：「我們店裡的衣服款式和尺寸都很齊全，我來幫你挑一件吧！你看這件衣服就很不錯，很適合我們這種體型，你試試看。」胖女孩對店員親切的話語充滿了好感，也相信店員的眼光沒有錯，於是立刻就去試穿，果然非常滿意，立即決定買下來。

在這個案例中，胖女孩之所以對店員的話深信不疑，就在於店員一開始就採用了「我們」一詞，將自己和顧客的關係由買賣雙方變成了同病相憐的「自己人」。結果，在這種自己人的感染下，顧客很快便對店員產生了信任感，接下來的買賣便水到渠成了。

生活中，可能有些人會覺得一字之差沒什麼大不了，但其實「我」和「我們」帶給人的直觀感受是完全不同的。比如，「這是我們共同生活的城市」、「這是我們一起看過的電影」、「這是我們一起工作的公司」，像這種使用「我們」的話，能夠將聽者變為自己人，讓我們和聽者的心理距離更接近。反之，如果將「我們」換成「我」，那聽者必然會認為你對他不夠尊重、是一個自私狹隘的人，更不願意與你交心。

所以，聰明的人無論對誰說話，都會時刻謹記這一點，把團隊意識擺在心中的重要位置，把「我們」掛在嘴上。只有這樣，才能讓我們說出的話發揮出最佳功效，幫助我們獲得對方的好感。

說話要有分寸，別讓一句話惹禍

要隨時關注對方的反應
對不同交情的人，用不同的說話方式
對不同個性的人，用不同的說話方式
不要觸碰禁忌話題

圖 4-1　掌握說話分寸的 4 個原則

一些有經驗的長輩常常告誡我們：「說話不要隨口就說，斟酌一下再說。」斟酌其實就是要我們在說話前要再三思考與衡量，拿捏好分寸。很多時候，往往看似很普通的一句話，如果說的時候拿捏好分寸，就能錦上添花，讓你在交談的過程中取得意想不到的效果；反之，如果沒拿捏好分寸的話，也有可能禍從口出，讓自己陷入尷尬的境地。

下面案例中的小飛，就是因為說話時沒有掌握好分寸而導致了尷尬一幕。

小飛剛剛入職一家新公司。身為一名新員工，他想快速融入大家。所以，他凡事都表現得熱情主動。

有一次，一位同事在家因為一些瑣事和老婆吵架，結果他的老婆一氣之下要離婚。而小飛無意中得知後，想著同事一場，就主動開導人家：「唉，張哥，離就離阿。現在這時代，離婚很正常，大不了再重新找一個。你可不能丟了面子，被女人看扁了……」小飛本是想安慰人才去開導同事，誰知道那位同事卻覺得小飛話中帶刺，認為小飛是故意來嘲笑奚落自己的。於是，氣不過的同事大發了一通脾氣，狠狠罵了小飛一頓，弄得小飛尷尬不已。

為什麼小飛的一番好意同事不僅不領情，反而還讓自己陷入了尷尬的境地呢？其實，這個問題就在於小飛沒有控制好說話的分寸，好心辦壞事。這個案例告訴我們，在日常說話時，我們一定要拿捏好分寸，掌握好界線。話要出口前，不妨再給自己的話加一個「安檢」的環節，在大腦中認真過濾一遍，仔細想想什麼該說什麼不該說。只要合理掌握了說話的祕訣，我們才能左右逢源。

那麼，我們該怎麼拿捏說話的分寸呢？

◎要隨時關注對方的反應

與人交談時，我們應隨時關注對方的反應，從對方的神態中捕捉到對方的心思，然後再對聊天的方式做出適當的調整。比如，當對方表現得很煩躁、缺乏耐心，我們就應該立刻結束話題；如果對方表現出一副洗耳恭聽的樣子，那我們不妨開門見山有話直說；再比如對方對談話有疑慮時，我們就應該進一步解釋；如果發現對方有想要主動發言的傾向時，我們就應該立即把話語權交給對方，讓對方發表自己的觀點。而對方所說的話，我們也要認真傾聽並加以思考。

◎對不同個性的人，用不同的說話方式

誠如這世上沒有兩片相同的樹葉，我們每個人的個性也大不相同。因此，這就要我們針對不同人的個性來進行有針對性的說話。比如，對方是知識分子，那我們說的話也應該更有深度一些；如果對方是不拘小節的豪爽個性，我們說話時就不要拐彎抹角、含糊其詞了。

◎對不同交情的人，用不同的說話方式

除了依據不同個性來進行對話之外，我們還需要根據交情的深淺來拿捏好說話的分寸。打個比方，如果雙方只是泛泛之交，沒有到掏心掏肺的那種程度時，即使我們說話的方式符合對方的個性，那也不能隨意高估自己在他人心目中的地位，不然就有可能犯下「交淺言深」的錯，引起對方的厭惡。

◎不要觸碰禁忌話題

一般來說，每個人內心都有一些不可觸碰的禁忌話題。比如說，女人會介意年齡，男人會介意工作收入，學生會介意考試成績和名次等，這些別人眼裡的禁忌問題我們最好不要去觸碰，以免帶來尷尬。另外，一些涉及宗教信仰、政治、隱私、健康、產品價格或者帶有爭議性的話題，也不要去試探別人，因為詢問這樣的問題不僅會給別人一種唐突的感覺，甚至還有點冒犯。

總而言之，說話一定要拿捏好分寸，並言之有度，因為一言可以生禍，一語也可以致福。如果我們沒辦法控制好分寸，就會在無形中為自己帶來一些麻煩和禍端；反之，掌握了一定的說話技巧，就等同於掌握好了說話的分寸，才能更容易達到自己的目的。

第五章

12 個說話技巧，輕鬆拉近人際距離

說話是我們與他人交流的重要方式之一，是我們表達內心世界的最佳途徑。同樣意思的一句話，從會說話的人嘴裡說出來，能讓人如沐春風，而從一個不會說話的人嘴裡說出來，會讓人彆扭和不悅。得體恰當的語言表達和說話技巧，是拉近我們與對方心理距離、建立良好人際關係的關鍵。

找好話題，聊天不再冷場

不知道大家是否會有這樣的困擾呢？和不熟悉的人說話時，總擔心選錯話題而使聊天的氣氛變得尷尬不已。其實，大家不必過於擔心，與他人進行愉快的交談並不是一件很困難的事，適當引入一些簡單而巧妙的話題就能做到。

就拿最簡單的天氣來說吧。天氣和人們的日常生活息息相關，不受人的控制且每天的天氣都充滿著變化。所以，即便是和陌生人的聊天，也可以透過此話題讓聊天變得暢談無阻。當然，在聊到天氣時，要避免「今天太陽真大」或「今天下雨了」等一些難以讓人接話的開頭，應採用「雨下這麼大，你有帶傘嗎？」這樣的問句，和對方形成話題上的互動。

另外，「八卦」也是一個可以讓人快速打開話匣子的方式。比如，詢問對方看的一些電視節目、喜歡的偶像或就對方感興趣的點去探討與挖掘，也會使聊天漸入佳境。但值得注意的是，千萬不要在背後隨意議論他人，以免讓對方留下搬弄是非的印象。

尋找一個好的話題來作為雙方聊天的開場白，不僅可以為之後的談話先鋪陳，還可以由此引發對方主動交談的意願。

小張是一家大型商場的市場部經理。為了進一步拓展業務，他帶著相關資料去拜訪了一家小有名氣的帳篷生產廠商。在廠長曾老闆的辦公室裡，他滔滔不絕費盡心思，但對方卻絲毫沒有合作的意向。看到對方不為所動，小張便試著轉換了思路，從對方公司生產的帳篷入手，裝作不經意地提起：「之前在手機上看到一則新聞，說現在很多喜歡野外露營的年輕人所購買的帳篷都是來自於貴廠生產的呢……」

說到這個話題，曾老闆立刻來了興致。他充滿笑意地問小張：「是嗎？沒想到採訪完沒幾天，這麼快就上新聞了！」小張豎起了大拇指，接著說：「貴廠生產的產品品質良好，銷量又高，在同業中很有口碑呢！」「沒錯，我可不是老王賣瓜自賣自誇。」曾老闆接著說：「現在的年輕人之所以喜歡我們的產品，除了款式新穎、品質良好之外，性價比也是原因之一……」就著這個話題，小張與曾廠長越聊越有興致。臨別時，曾廠長主動向小張提起了合作的事情，還約定了下次拜訪的時間。

此案例中，小張之所以能夠快速扭轉局勢和曾廠長愉快地交談，就在於他找到了一個對方很感興趣的話題。生活中，很多人在和人交談時最容易犯這樣一個錯：談自己感興趣的事，忽略對方的感受。但你要知道，聊天是雙方的互動過程，如果你只顧自己高談闊論，你又憑什麼斷定別人對你的談話目的有興趣呢？

因此，用一個好的話題來帶動全場、活躍氣氛，讓聊天漸入佳境是很重要的，而這就需要我們在交談中學會「沒話找話」。那什麼是找話呢？所謂「找話」就是「找話題」，找交談的切入點。好話題的標準是：雙方對話題比較熟悉又感興趣，有展開討論的空間。

那麼，我們應該怎樣去挖掘一個好話題呢？

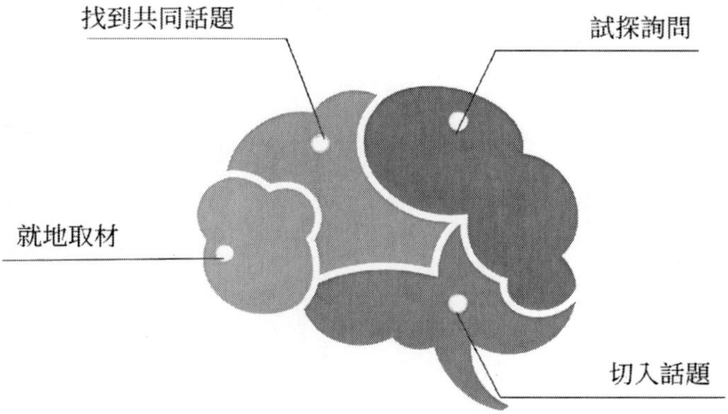

圖 5-1　找到好話題的方法

◎找到共同話題

當與眾人聚在一起時，聊天的話題應以眾人都感興趣且能引起大家交談意願為前提。畢竟這類話題是大家想談、愛談、能談的，也唯有人人都有話題可談論，能發表自己的觀點與看法，才能將話題繼續推進，引起大家的共鳴。

◎就地取材

如果實在找不到一個好的話題，那麼我們不妨採用「即興引入」法，巧妙地借用當時、彼地、彼人等一些素材，就地取材來引發交談。這種方法最大的優點就是可以靈活運用、信手拈來，但同時也需要找話題之人思維活躍、才思敏捷，能夠迅速做出由此及彼的聯想。

◎試探詢問

在與不熟悉的陌生人交談時，我們可以先提一些「投石」式的問題，在簡單了解對方的大致情況後，再循序漸進地進行深入交談，方能使彼此的聊天話題更為自如。比如，聚會時見到陌生的鄰座，便可先「投石」詢問：「請問您是 XX 的同事還是同學？」不管對方回答哪一個，都可以藉此展開話題；哪怕問得都不對，對方只是鄰居，那也可以藉此打開話匣子，進入交談。

◎切入話題

興趣是最能激發一個人說話意願的話題。如對方喜歡美食，那以此為話題來談論美食的做法與品評、口袋名單等，便能自然地讓聊天漸入佳境。哪怕自己不會做美食，也可以從傾聽對方的言論中大開眼界，並學到一些知識。

生活中可以引發話題的方法其實很多，只要善於發現和運用，某事、某景、某種情感，都可以延伸出一番別樣的話題議論。重點在引，目的在導，只有確實有效的引導，才能誘發出對方談話的興致，並讓對方產生說話的意願。

巧用幽默，氣氛不冷場

說到幽默這個詞相信大家都不會感到陌生。在人際來往中，一句幽默的話語不僅能快速化解雙方的矛盾與尷尬，緩解緊張的人際關係，還可馬上拉近交談雙方的距離。

有位心理學家說過：「幽默是一種最有趣、最有感染力、也最容易被大眾接受的表達藝術。」在任何場合，幽默的語言都可以讓我們的聊天氣氛變得輕鬆、融洽，讓我們獲得他人的理解與支持。所以，如果想變得更受歡迎，就必須學會當一個幽默的人。

一位著名的鋼琴家前往其他城市演奏。當走上舞臺時他才發現臺下觀眾竟然只坐了一半。雖然內心很失望，但很快他便調整了情緒，並幽默地對臺下觀眾說：「這個城市的富翁肯定特別多。因為我看到你們一人都買了三四個座位呢！」話音一落，臺下頓時響起了一片歡聲笑語。為數不多的觀眾立刻就對這位鋼琴家產生好感，帶著歡快的心情欣賞起了演奏。

在與他人的交流中，幽默具有惠己悅人的神奇效果。當然，幽默並非是毫無邊界的賣關子、耍嘴皮，也不是毫無意義的插科打諢和低級趣味，而應該入情入理，引人發笑。但是，日常生活中在用幽默的方式說話時，還應該注意下面幾點。

◎幽默的目的

幽默並不是單純的文字，而是運用智慧、機智和一些風趣的技巧，讓別人能在一種輕鬆詼諧的狀態下接受我們所說的話，並不是單純地為了取悅別人。

◎幽默的內容

雖然說幽默是為了調節氣氛，掌控場面，但內容也切記不要過於低俗或不雅。因為只有措辭得體、格調高雅的幽默，才堪稱是真正的幽默，才能讓人發自內心地微笑，感受到幽默的魅力。

◎幽默態度要友善

幽默的話語是否能讓人感到愉快，有時也取決於說話者的心態。如果心存善意或只是為了回應別人，那麼適當的幽默可以達到我們想要的效果。但如果幽默是以不尊重他人或貶低他人來進行，那這種幽默難免會讓人感到尷尬與無奈，說不定還會為自己留下後患，導致他人對你心生怨恨。

◎幽默要分清場合

幽默並不是隨時隨地可用，也要分場合。例如在一些嚴肅、莊重的場合，就不宜使用幽默的話語來調節氣氛。

◎幽默要分清對象

每個人由於性格、心情、成長環境的不同，所以對幽默的接受度也不同。我們應該明白，幽默並不是人人適用的溝通方式。因此，我們在說話時一定要先察言觀色，根據不同的對象決定說話的方式。

了解了以上運用幽默說話技巧的一些注意事項後，我們在交談時才能更恰當的運用幽默技巧，將幽默的效果發揮到極致。在具體的操作中，還可以參考以下做法：

◎仿擬

故意模仿一些現成的詞、語、句、調、篇及語句格式和腔調，臨時改編和創造新的詞、語、句、調、篇及語句格式腔調，稱「仿擬」。

◎歪解

歪解就是歪曲、荒誕的解釋，是以一種輕鬆、詼諧、調侃的態度，對問題進行曲解。雖然強行把「瓜」扭在一起，表面看起來不和諧、不合乎情理，但實則收穫的效果卻是出人意料的。比如說鹹鴨蛋是怎麼來的，如果我們說是鹽水醃製的，這便毫無新意，但若回答是鹹鴨子生的，那就會令人忍俊不禁了。

◎降用

故意使用某些重大莊嚴的詞語來說明一些細小、不重的事情，這種表達技巧便是「降用」。運用這種方法可以向對方暗示自己的想法，並啟發對方思考，從而令雙方的語言更加風趣和生動。

幽默是一種特性，一種引發喜悅、以開心愉快的方式去娛樂他人的特質；幽默也是一種能力，一種有效化解衝突與矛盾的能力；幽默更是一門藝術，熟練掌握這門藝術可以幫助我們更容易與他人進行和諧的溝通與交流。適當地運用幽默，不僅可以讓我們更好地掌控場面，還能讓我們收穫良好的人際關係。所以，就讓我們從現在開始，玩轉幽默，讓幽默為我們的生活增添光彩吧！

讚美，是最動聽的語言

讚美不僅是世界上最動聽的語言，也是人們最喜歡聽到的語言之一。每個人都會為來自社會或他人的讚美而感到欣喜不已，適當的讚美不僅可以有效鼓舞人們的精神和士氣，而且還可以拉近彼此的距離，可以說人與人之間的美好印象就是從讚美的那一刻開始的。

小劉出差回來後找財務填寫報帳單等，但是填了幾次，不是這裡不對就是那裡不對，心裡多有不滿。於是，中午跟另外一個出差的同事抱怨說：「你報帳了嗎，報帳也太麻煩了，表單就填了好幾次！」

「不麻煩啊，有範本！照著填就可以了。」同事回答說。

「你哪來的範本？我怎麼沒有。」

「財務給的啊！我上午去填表的時候，她正在喝水，我看她杯子很可愛，順口誇了一句，說『你好有品味，這麼可愛的杯子哪裡買的？我要幫我女朋友也買一個』。財務姐姐一開心就給了我範本，幫了我大忙。」

一句看似簡單的讚美，卻能在無形中帶給他人鼓舞與激勵。

一般來說，人的內心都希望獲得別人對自己的讚美，因為沒有人會心甘情願地承受別人的指責和批評。但要注意的是，讚美也必須恰如其分，切記不可胡亂吹捧，不然一味地誇大其詞，只會讓對方覺得你是在阿諛奉承。所以，讚美別人不僅要有誠意，更要適可而止，以下幾點值得注意：

◎審時度勢，因人而異

人的能力有高低，而性別有男女，年齡有長幼之別。所以，讚美也不能一成不變，應因人而異、彰顯優點、有針對性地去讚美，這樣方能獲得好的效果。比如，很多長輩總是喜歡談論自己「想當年」的豐功偉業與昔日光彩，當我們與之交談時便可以多稱讚對方引以為傲的精采過往；而讚美年輕人時，我們不妨從他的創造才能和勇於開拓進取的精神方面入手，並列舉出幾點例項來證明；對於經商的人，我們可稱讚對方頭腦靈活、生財有道等；對於教師，可稱讚無私奉獻、德才兼備、學識淵博……當然讚美的前提一定要符合事實依據才行，切忌浮誇捏造。

◎情真意切，有理有據

雖然人們都喜歡聽讚美的話，但讚美也要基於事實、發自內心。反之，你若睜著眼睛說瞎話，阿諛奉承、虛情假意地去讚美別人，那麼不僅會讓對方認為你油嘴滑舌、虛偽做作，還可能對你留下不好的印象。比如，當我們見到一位相貌平淡無奇的女士時，卻偏偏言不由衷地對她說「你真的好美」，那麼，很明顯對方會立刻認定你是一個油嘴滑舌之徒，並對你的讚美不屑一顧。但如果你著眼於她的穿著打扮、行為舉止，從中發現對方的出眾之處並給予真誠的讚美，她一定會高興地接受。真誠讚美的前提是基於對他人的欣賞，它不僅可以幫助我們發現對方的優點，還能使我們對人生保持一種樂觀與欣賞的態度。

◎詳實具體，深入細節

在讚美他人時，我們一定要依據實際情況來切入，切勿過於籠統或含糊其詞，也不要說一些「你的人生很成功」或「你的工作很出色」等空泛的讚美，不然這樣空洞而無依據的話，只會讓對方不明所以，甚至還有可能引起對方的猜疑與誤解。因此，讚美的用詞最好詳實具體，就證明我們對對方了解得越詳細和透澈。也只有這樣的讚美才會讓對方感到真摯、親切和可信，才能有效拉近雙方的距離。

◎合乎時宜，適可而止

最好的讚美就是隨機應變、拿捏得當，所以我們在日常生活中讚美他人時不妨真正做到「美酒飲到微醉後，好花看到半開時」，唯有適時、適量地運用讚美的語言，才能真正鼓舞、激勵他人。

直呼名字，讓對方倍感親切

卡內基曾經說過：「一個人的姓名是他自己最熟悉、最甜美、最妙不可言的聲音。在交際中最明顯、最簡單、最重要、最能得到好感的方法，就是記住對方的名字。」

說到這，肯定有些人會不以為然。既然不信，那我們不妨設想這樣一個情景：某天，在下班回家的路上，碰到一個有過幾面之緣的人，我們自以為對方會記得自己。於是，笑容滿面地主動和對方打招呼，「嗨，小曼，好久不見了，最近還好嗎？」結果，對方一臉茫然地說：「噢，不好意思，我不記得你的名字了，請問怎麼稱呼你呢？」此情此景，我們肯定會覺得非常尷尬，本來是一次加深印象拉近彼此距離的好機會，結果卻因為記不住名字而有點小失落，內心也會覺得有點失落吧？

可以說記住別人的名字是一件非常重要的事情，能夠幫助我們贏得他人的尊重與好感。可能很多人會覺得有些不可思議，但事實證明的確如此。

阿偉有位客戶叫歐陽宇飛，和眾多的三字姓名比起來，複姓的名字叫起來還有點拗口。很多時候，人們都習慣於稱呼歐陽這個姓，而忽略了後面的名字。

但阿偉卻並沒有隨波逐流和其他人一樣叫歐陽，而是在見面之後親熱地說：「早，歐陽宇飛先生，很高興見到您！」

聽到這句話，歐陽宇飛內心的激動溢於言表，過了好幾分鍾，他才回過神來，激動地說：「哎呀，我身邊的人都好久沒有用全名來稱呼我了。」就因為阿偉正確地叫出了客戶的全名，從此以後，歐陽宇飛便成了阿偉的忠實顧客，雙方也因此而建立了長期的合作關係。

在日常生活中，雖然大家對有過幾面之緣的人印象不深，很難記住別人的名字，但只要肯用心、花時間與精力，自然就能記住別人的名字。要知道，如果我們能記住某個人的名字，並在再次見面時主動叫出他的名字，這其實也是對對方的一種尊重。

心理學家也證實，在說話時如果我們能記住對方的名字並直呼其名，不僅可以讓對方對我們所說的話引起足夠的重視，同時也能促使對方更容易接受我們的意見和建議。

雖然，他人的名字對我們來說只是一個標示、一個稱呼，但對名字的本人來說卻是非常重要的，記住他人的名字展現的不僅是一種尊重，更是對他人的一種重視。所以，嘗試記住別人的名字，並且在與之交談時直呼其名，可以讓別人對我們產生更加深刻的良好印象，同時也能讓我們在人際交往中更加受歡迎。

看場合說話，見人說人話

俗話說，物以類聚，人以群分，根據不同人的特徵，變換自己的說話方式，讓我們能夠更好地與他人交流。

一樣米養百樣人，每個人都有不同的性情和喜好，所以我們在和別人說話時不能毫無變化，而應該考慮到對方的性格、喜好和脾氣，因人而異，見什麼人說什麼話。

◎說話時要看對方的性格和性別

和不同性格的人說話，方式應該有所不同。性格內向的人往往沉默寡言，我們在和他們說話時，要適度引導。性格外向的人一般情緒外顯，我們在和他們說話時，就可以高談闊論。

◎說話時要看對方的身分和職業

對教育程度不高的人，說話盡量通俗易懂，滿嘴之乎者也只會讓對方摸不著頭緒，覺得我們在擺架子。對高知識分子，說話要文雅含蓄，一口江湖氣容易引起對方反感。俗話說「秀才遇見兵，有理說不清」，說的就是這個道理，有的人說話不管對象是誰，就會鬧出笑話。

有一次，孔子帶學生出外講學，他的馬掙脫了韁繩，跑到農地裡吃了人家的麥苗，被農夫扣留下來。子貢一貫能言善辯，於是自告奮勇地去與農夫說理。他滿口之乎者也，天上地下，引經據典，講了半天，農夫卻越聽越生氣。

這時，一位剛剛跟隨孔子不久的學生走到農夫面前，笑著說：「你不在天南，我也不在海北，我們生活得這麼近，勺子哪能不碰鍋沿呢？說不定哪天你的牛也會吃掉我的農作物呢，所以我們該彼此諒解才是。」

農夫聽了這番話，覺得很有道理，便將馬還給了孔子，並說：「這話說得有理，哪像剛才那個人，說話文謅謅的，講半天也不知道他到底想說什麼。」

如果我們要準確表達出想法，就要根據對方的身分來說話，如果不看對方的身分，說出的話就會讓人誤會，或者反感，我們也無法達到說話的目的。

◎交談內容要符合對方的興趣愛好

當了媽媽的女性，最感興趣的一定是孩子的教育；上班族一般都對經濟環境、行業新聞感興趣；年輕的女孩一定愛聊時尚、文藝或娛樂方面的話題。從對方的興趣愛好入手，能讓雙方很快打開話匣子，如果再加以引導，也許還能讓對方敞開心扉地與我們進一步展開交流。

◎聊天時要看對方的年齡

不同年齡層的人關注的話題自然不同，一般來說，老年人關注養生，喜歡別人誇他身體健康；中年人關心家庭和事業，喜歡別人恭維他家庭美滿、事業有成；年輕人關注自身發展，喜歡別人說他有想法、有能力。

◎說話時要看對方的訴求

說話時要明白對方心裡的訴求，適時運用一點心理學技巧，就能把話說到對方心坎裡。

小麗是某化妝品專櫃的櫃姐，十分了解顧客的心思，常常一出手就能把客人拿下。

有一次，一位女士在專櫃上挑選了一番口紅，鎖定了兩個色號，但還在猶豫要買哪個。

於是小麗說：「您的眼光好好！這兩個色號都很襯您的膚色，這個色號很顯白，這個色號很有氣質，而且其他品牌的唇膏您也都沒有相中的，所以您要不要考慮兩個都帶走？」

女士立刻問道：「你怎麼知道我看過其他牌子了？」

小麗笑容不減：「因為姐姐太有氣質了，在人群中很顯眼，我站在櫃檯裡，一眼就看到您了。」

於是，那位女士不再糾結購買哪個顏色，而是爽快地將兩個色號的口紅全都帶回家。

小麗的表現準確地將產品資訊傳達給顧客，讓顧客在情緒上感到滿意，從而提高購買意願。

◎說話時要看與對方的交情

如果對方是我們親近熟悉的朋友，那麼我們交談時就可以暢所欲言，甚至可以開一些無傷大雅的玩笑。但如果我們和對方並無深入來往，就要管住自己的嘴巴，想想什麼話能說，什麼話不能說，與對方保持恰當的社交距離。

最後，還有一點要注意，那就是說話時要會看臉色。我們說話時，應該說多少、怎麼說都是有講究的。如果對方很忙，我們跟他說話就要盡量簡潔扼要，別人沒時間聽，我們還滔滔不絕地說個不停，就是不識相；如果在交流看法和見解的時候，惜字如金，不願多說，就會讓對方覺得我們敷衍了事。總之，我們要根據時間和場合隨時調整自己說話的內容和方式。

「見人說人話，見鬼說鬼話」也是一種說話技巧和處事智慧，運用好就能讓我們更容易達到目的。

自嘲，巧妙化解尷尬

自嘲是一種高級的說話技巧，也是一種很高的人生境界。只有自信豁達的人才敢使用這種說話技巧，因為自嘲要拿自己開玩笑，把自己犯的錯、缺點和黑歷史拿出來當作談資，放大自己的缺點，用誇張的方式引人注意，然後再借題發揮，引人發笑。一般來說，這種自嘲的技巧如果稍微沒自信的人是做不到的，要有樂觀自信的性格和寬廣豁達的胸襟。

生活中，我們難免會遇到一些尷尬時刻，巧妙的自嘲可以讓我們擺脫難堪的窘境，還能贏得別人的好感和尊重。下文中的石爺爺，就為我們作出了很好的示範。

石爺爺，性格樂觀豁達且不拘小節。有一次他不小心摔倒了。這種情況通常一般人一定會感到十分尷尬。但是這位石爺爺卻不慌不忙地站起來說：「還好我是石爺爺，耐摔！如果是瓷的早就摔破了。」周圍的人聽到他的話都哈哈大笑，石爺爺用一句幽默的自嘲化解了尷尬。

在我們處境尷尬時，可以用巧妙的自嘲來製造幽默緩和氣氛，讓尷尬化解於無形，替自己解圍。有時候，適度的自嘲能體現一個人的智慧和胸襟，不僅不會讓別人看低我們，反而能讓別人對我們刮目相看。

有兩個人，一個人很胖，另一個卻瘦得像竹竿。有一天他們兩個人不小心同時摔倒了，為了替自己解圍，胖子是這樣說的：「還好我有這身肉墊著，摔在地上都不痛。」瘦子卻換了一種說法：「摔得這麼大力，幸好我身上沒肉，要不然就成了肉餅。」

在這個故事中，胖子和瘦子兩個人都用自己的話語化解了尷尬，讓大家忽略了他們摔倒的狼狽。

人生中難免有波折，每個人都會遇到窘迫的時刻。面對這樣的情況，有的人會選擇掩藏辯解，有的人卻選擇豁達面對，用自嘲來為自己解圍。其實，很多時候，掩藏和辯解反而會讓我們更難堪，而自嘲卻能夠讓我們緩解尷尬，重新找到自信。

下面這個案例中的老四，就深諳自嘲之道。

某大學的男生寢室裡，六個剛入校的新生們聚在一起排座次。幾個人中老四心直口快，他跟年紀最小的老六開玩笑說：「你年紀最小，以後就叫你『小白』好了，聽起來又可愛又乖。」老四這話本來是無心的，但是老六卻聽者有意。原來，老六這段時間正為自己臉上的痘痘苦惱不已，怎麼保養都沒改善，臉上紅紅的又明顯。他不禁把「小白」聽成了在諷刺他的膚況。所以聽到了老四給自己取的綽號後，老六的臉色一下子難看了起來。

老四看到自己的話惹惱了老六，心中十分懊悔，他想了想，拿起桌上的鏡子自言自語道：「『雨打沙灘萬點坑』，老六，我這臉上真是一坑接著一坑啊。」原來，老四的臉上也因為長痘痘而留下了一些痘疤，老六聽了這話忍不住笑了，也不再怪老四。老四巧妙地把話題轉移到了自己身上，避免了衝突。

適當的自嘲是一種化解誤會的重要方式。上面案例中的老四在無心冒犯了別人之後，馬上調侃了自己臉上的痘疤，並誇大自嘲，用誇張的表達逗笑了老六，讓他消氣。他的自嘲成功化解了尷尬，間接表達了自己的歉意，並讓老六原諒了他有口無心的玩笑。

說話時適當的自嘲能產生很多正面效果，除了替自己解圍以外，還能讓我們說的話更具有趣味性，讓別人對我們的印象更深刻。不過，自嘲的技巧如果用得不好，也有可能說錯話，造成反效果。

總之，適度地自嘲是一種良好的社交技巧，更是一種充滿魅力的說話技巧，既可以活躍氣氛，又可以緩解緊張情緒，而且不會在言語上中傷別人。當我們在生活中遇到窘境、要應付尷尬局面時，不妨多一些風趣幽默的自嘲，營造和諧的交談氛圍，在替自己解圍的同時，也讓人感受到我們的可愛和人情味。

放低姿態，更容易被接受

我們跟人說話時，要偶爾說一說「不好意思，我沒聽懂您的意思」、「您能再說一遍嗎？」等禮貌這樣的話，把姿態放下來，讓對方感受到我們是謙遜誠懇的。如果我們每次說話都鋒芒畢露、咄咄逼人，就容易刺傷對方，引起對方的反感，讓對方從內心拒絕、防備我們。

有一位特別受孩子們歡迎的老師，他很喜歡與孩子們交流，在孩子們面前從來不擺架子。有一次，班上一位小朋友問這位老師：「老師，你小時候最討厭上什麼課，有沒有常常被爸爸媽媽罵？」這位老師回答他：「我小時候數學最差了，常常考不及格被媽媽罵。但是我英文學得很好喔，所以我長大後就變成大家的英文老師啊。」他的回答逗得孩子們哈哈大笑。

還有一個叫麗麗的小女孩愁眉苦臉地對這位老師說：「我最討厭媽媽了，她都常常罵我，不讓我看卡通，但她自己卻一直玩手機，一點也不公平。我覺得媽媽老是玩手機是不對的。」老師聽了麗麗的話，耐心地對她說：「你說得對，媽媽確實不應該每天看手機。你既然知道媽媽錯了，就不要學她，每天要少看電視，多看書才好啊！等你功課進步了，老師和媽媽都以你為榜樣。」

案例中的這位老師不僅放低姿態，還十分了解孩子們的想法，他站在孩子的角度，分享了自己小時候數學不好的故事，並藉機告訴孩子每個人都有自己的長處，只要努力，就能成為對社會有用的人。他還認同了麗麗的想法，承認大人也會有缺點或犯錯，鼓勵麗麗加油努力，比大人做得更好。透過這些話，孩子們發現老師並不是高高在上的，和他們是平等的，跟他們有一樣的煩惱，站在一樣的角度看問題。總之，這位老師用他平等而親切的話語抓住了孩子們的心，班上所有的同學都把這位老師當成了自己的好朋友，家長們也覺得這位老師特別親切。

我們在說話時要學會放低姿態，而放低姿態最重要的一點就是要保持謙虛。人們之所以推崇謙遜的做人態度，是因為對成功的事業和優秀的品性都不可或缺。一顆謙虛的心，能讓我們戒驕戒躁，在做人時放下身段，保持低姿態。

但是保持謙虛說起來容易，做起來卻難。有些人備誇獎後會忍不住飄飄然，還有些人會顯得手足無措，想要謙虛一番卻不得要領，說出「不是我一個人的功勞」、「榮譽歸功於大家」這類來聽起來空泛又稍嫌做作的話。

那麼，在說話時，怎樣做才能表達自己謙虛的態度，把姿態放得更低一點，讓人留下一個良好的印象呢？我們不妨這樣做。

◎把讚美轉移

有時候大庭廣眾下的表揚和讚美會讓我們感到不好意思，這時候我們可以想辦法把讚美和表揚「轉移」到別人身上，讓自己脫身。

◎不要過於謙虛

俗話說「過分的謙虛等於驕傲」。面對來自他人的稱讚，如果我們過於謙虛，一直貶低自己，把姿態放得過低，反而會給人傲慢的感覺，認為我們不屑接受他的誇獎。所以謙虛也要適度。

◎看淡成就

面對自己取得的成就，我們不能妄自菲薄，但是也不必看得太重，因為我們以後的人生中還會取得更多的成就。面對誇獎和讚美，看淡成就能讓我們始終保持謙虛和謹慎，端正自己的態度。

◎巧用比喻

與人說話時，謙虛過頭也會給人虛偽的感覺。如果我們直接跟對方說：「我怎麼比得上你。」對方有可能會認為我們在嘲諷他。這時候，我們可以借用巧妙的比喻來表達自己的謙虛和低姿態。

◎接受指教

表現自己謙虛、適當放低自己姿態的一種最有效的方法便是在面對別人的讚美時，誠懇地懇求大家不吝賜教。當然，在接受指教時也要小心虛心變成虛假。

總之，在說話時，嘗試著放低自己的姿態，盡量虛心而誠摯，保持平和坦誠的態度，尊重對方，可以讓我們拉近與他人之間的距離，獲得他人的好感和尊重。

顧及對方感受，最能贏好感

作家劉墉在《螢窗小語》中有寫到：「得意人前勿談失意事，免得毫無反應；失意人前勿談得意事，免得予人傷害。」這句話告訴我們：說話時要照顧對方的感受，不能揭人傷疤。

說話口無遮攔、喜歡揭人傷疤、不顧別人感受的人，永遠都不會有好人緣。說話總是很傷人，而且不顧忌別人感受的人，容易一開口就惹來麻煩。

小趙就是這樣一個說話不顧忌別人感受的人，公司有位女同事個子比較嬌小，有一次小趙在辦公室裡大聲調侃這位女同事，說：「喲，又穿高跟鞋啦，可是你站人群裡我還是看不見你啊！」這位女同事氣得當場跟他翻臉了。

還有一次，朋友的母親生病住院了，小趙大剌剌地對那個朋友說：「看你最近心情不太好啊！不就是你媽住院了嗎，這沒什麼大不了的！」話一說出口，朋友就生氣了，很久都不跟小趙來往。

如果我們在生活中遇到小趙這樣的人，我們也會很生氣，甚至哭笑不得。小趙的故事告訴我們，在說話時，應該照顧對方的感受，不該說的話不要說。那麼，我們要怎樣說話才算是照顧對方的感受呢？下面四點建議值得參考：

◎說話要看時機

說話時要懂得挑時機，該說的時候說，不該說時要趕快打住。有些人一開口就停不下來，不分場合不看時機，殊不知這樣的行為實在惹人厭煩。

李老闆就是被一個不懂看時機說話的朋友攪黃了生意。每一次他和客戶在飯店談生意，正當他們談得差不多的時候，一位朋友過來和李老闆打招呼，並且毫不見外地加入了對話中。這位朋友一下子談國際政治格局，一下子談國內經濟形勢，李老闆使勁使眼色，暗示他不要說了，可是這位朋友卻毫無察覺，依然滔滔不絕。客戶終於聽得不耐煩了，站起來對李老闆說：「要不你們先聊，合約的事我們改天再談吧。」說完就離開了。好好的一單生意，就這樣被攪黃了。

我們每個人都有表達自己的欲望，但是我們在說話時，一定要顧及對方的感受，要看時機。否則就會引起對方的反感，甚至給彼此帶來麻煩。

◎要考慮到對方的時間

我們有精力滔滔不絕地說，可是對方卻不一定有時間聽。在說話時，我們要搞慮到對方的時間，看看對方忙不忙，有沒有時間聽我們說。如果對方很忙，我們就要言簡意賅、長話短說；如果對方恰好空閒，我們就可以娓娓道來。總之，我們交談的時間要取決於對方的時間。當對方沒有時間或還有其他事要忙時，我們要盡快打住，如果還喋喋不休的話，就會讓對方感到厭煩。

◎多說「而且」，少說「但是」

有些人說話時喜歡「先揚後抑」，在批評別人之前，先把對方讚美一番，最後話鋒一轉加上「但是」，就開始批評別人。他們認為這樣說話比較委婉，容易令人接受。特別是許多父母喜歡用這樣的說話方式來教育孩子，例如：「兒子，最近老師說你表現進步不少，真棒！但是數學成績還是太低了。」對於家長的話，孩子在聽到前半句後會覺得很開心，在聽到「但是」之後，就會感覺前面的表揚只是敷衍，家長的主要目的不是表揚而是批評。

此時，家長如果能換一種說法，把「但是」換成「而且」，可能就會達成更好的效果。例如，家長們可以這樣說：「兒子，最近老師說你表現進步不少，真棒！而且老師說只要數學再進步一點點，總成績會更好。」這樣一來，孩子不僅能感受到家長真心的表揚，也更容易接受「而且」後面的建議。

◎說話不要一直重複

即使再有道理的話，也不要一直重複。因為再好的話說多了也會變調。一個滿腹怨氣的人，他每天重複說的話是抱怨；一個喋喋不休的人，他每天重複說的話是嘮叨；一個好為人師的人，他每天重複說的話是說教。不管是什麼話，只要每天重複不停地說，最後都會變成廢話。就算是真理，如果我們每天重複說，對方也不會接受，只會厭惡和反感。所以，我們說話時不要一直重複，重複說的話是沒有價值的，我們不要對著對方的耳朵「倒垃圾」。

總之，說話時顧及別人的感受，能夠讓別人更願意聽我們說話，讓我們更受尊重。

善意的謊言，潤滑人際關係

有時候，「真話」比「謊言」更令人難以接受，所以我們需要「善意的謊言」。「善意的謊言」是人際交往中的潤滑劑和緩衝劑，它能緩和氣氛，為他人留住面子，甚至能讓「被騙」的人心存感激，所以，我們在說話時必須要學會使用善意的「謊言」。

不分場合、不分對象地說實話不是「耿直」，而是情商低。我們不需要一味地追求「說實話」，我們完全可以在不傷害他人利益的情況下，說一些「善意的謊言」。在某些極端情況下，「實話」會揭露殘酷的事實，讓人失去信心，而「善意的謊言」卻能讓人保持正向的心態。

有一艘貨輪因為雷達失靈，在大海上迷失了方向，通訊設備也故障，無法與陸地取得聯繫。食物和淡水一天天消耗，船上的幾十名船員壓力越來越大，強烈的求生慾讓他們開始爭奪有限的淡水和食物，有個別船員在爭奪中受了傷，船上的局面已經到了失控的邊緣。

在危急關頭，船長站了出來，他對全體成員說：「我帶了一臺衛星電話，衛星電話沒有故障，前兩天我一直嘗試聯繫外界，今天已經聯絡上了，海警單位已經派出了救援的船隻，你們大家只要聽我安排、耐心等待就一定會得救！」船長的話讓大家十分振奮，安撫了大家的情緒，船員們都恢復了理智。船上的秩序恢復正常，大家都開始理性地分配淡水和食物。

此時，船長卻找到了維修技師，對他說：「其實我沒有所謂的衛星電話，所以這幾天我們一定要想辦法恢復通訊設備。」維修技師聽了船長的話以後，大驚失色：「你是騙大家的！你為什麼要給我們虛假的希望！」

船長正色道：「如果我不騙大家，我們可能連這幾天都堅持不下去，而且一旦大家失去理智，後果會不堪設想。我這麼做是為了先穩住人心，爭取時間來維修設備。」在接下來的幾天裡，技師不眠不休地搶修通訊設備，終於使船上恢復了通訊。又過了幾天，附近航行的船隻為他們送來了補給，船上所有的人都得救了。

安全返航後，船長才告訴了大家真相，得知真相後的船員們後怕不已，如果沒有船長的「善意謊言」，一定會發生不可挽回的悲劇。

在這個故事中，船長用「善意的謊言」給船員們希望，爭取時間搶修設備，阻止了比船難更有可能發生的危機。

有時候，「謊言」比「實話」要善良得多。生活中，我們為了達到某些目的，必須要學會說一些「善意的謊言」，但是，這些「謊言」不可違背道德和良知。

通常在說話時，如果遇到以下幾種情況，我們可以使用「善意的謊言」：

◎需要婉拒別人時

有時候，我們面對一些不想答應的邀約或者讓我們很為難的請求，就要說這種「善意的謊言」。比如，不太熟的朋友約吃飯，但我們不想去，就可以找藉口說已經約了別人。這樣找理由拒絕對方，既不傷對方的顏面，也達成我們婉拒邀約的目的。

◎需要安慰、鼓勵別人時

當別人需要安慰、鼓勵時，我們可以多說一些「善意的謊言」。比如，我們最常對小孩子說的一句話就是「你真棒！」這短短的一句話中飽含著莫大的鼓勵；當朋友遇到困難時，我們一般會這樣安慰他：「別擔心，一切都會過去的！」、「你已經盡了最大努力了。」或許，事情並不會很快過去，朋友也確實沒盡全力，但這些「善意的謊言」，卻能夠為朋友帶來安慰和鼓勵，表達出我們的關心。

◎需要增強氣氛時

在說話的過程中，為了強調說話的內容，我們可以把真實事件略為誇大修飾，或者渲染一些細節。這種方法可以增強談話的氣氛和話語的感染力。

◎需要維持人際關係時

如果我們想要維持良好的人際關係，就不得不說一些「善意的謊言」。比如，當客人的孩子摔壞了家裡的東西，我們很不高興，但是為了不讓客人有壓力，我們必須要說：「摔壞也沒關係，我剛好可以換個新的。」

◎需要自我保護時

生活中我們偶爾會有一些小失誤，還有一些無傷大雅的小缺點，這些事情不會對對方造成傷害，也不違背道德，所以為了保護自己，我們不必對他人坦誠相告。比如，當一些平常愛探聽八卦的同事要拉著你一起吃飯時，你不想去又不好拒絕，那就可以說「不好意思啊，今天答應孩子晚上一起吃飯的」。這樣做的好處就是不會讓大家尷尬，日後不好相處；同時，以孩子或者家庭為藉口，立了一個「愛家」的人設，將來可以反覆利用。

◎需要獲得好感時

這種「善意的謊言」是生活中最常見的，比如，「你今天真漂亮」、「你真是越活越年輕！」、「你的新衣服好好看」、「你的演講實在是太精采了！」我們希望讓對方留下好印象，所以我們每個人每天都在說這種「善意的謊言」，甚至不需要思考，就可以脫口而出，這是因為我們都想獲得別人的好感，拉近與對方的距離。

遇到上面幾種情況時，我們都可以使用「善意的謊言」來達到我們說話的目的。不過，我們在說「善意的謊言」時要盡量自然可信和善良真誠。以傷害和欺騙為目的的「謊言」是無法得到任何人的好感的。

巧言令色，贏得對方好感

那些言談靈巧又有吸引力的人在人際關係中總是特別受歡迎。如果你也想成為那樣的人，在交談時能快速拉近彼此的距離，贏得對方的好感，那麼就必須學會以下幾點說話的技巧：

◎表達關心、傳達善意

一般來說，很少有人會拒絕別人的關心和善意，除非這份關心會帶來傷害。當我們的關心足夠真誠時，對方會立即感受到我們的善意，並對我們產生好感。

表達真誠關心的最佳方法就是善意的建議。如果我們能經常這樣關心對方，一定能贏得對方的好感，使彼此關係更親近。

◎暴露缺點，贏得關注

適當暴露自己的缺點，會讓人留下坦率、真誠的印象，這種印象會讓別人覺得我們是真實可靠的，自然而然地就會對我們委以重任。

我們的缺點不需要全部展露出來，只要找出一兩個無傷大雅的就可以了。一兩個明顯的小缺點會讓人忽略我們其他的不足，讓人留下「這個人除了這點小毛病，其他方面都很優秀」的印象。這種真實又可靠的印象能幫我們更快獲得他人的好感。

◎把對方的話放在心上

表現出對對方的重視就能贏得對方的好感。比如，把對方說過的話放在心上，等下次和對方說話的時候再不經意地提起，對方會覺得驚喜和愉快。如果我們能記住對方的生日、興趣、愛好、特長等對對方來說十分重要的事，並表現出關心，對方一定會有十分受重視的感覺。

◎馬上發現對方的微小變化

有些丈夫不擅長對表達對妻子的關心，妻子穿了新衣服，剪了新髮型，丈夫過了一個星期都沒發現，或者發現了卻沒有任何表示。這樣的情況下，妻子就會覺得丈夫不夠重視自己。事實上，之所以會出現這種情況，就是因為丈夫觀察得不夠仔細，沒有察覺到妻子微小的變化。

不論是誰，都渴望著來自他人的關注，對於十分關注自己的人，也會產生好感。如果我們想贏得對方的好感，就要積極表現出自己對他的關注。一發現對方的微小變化，就要立即告訴對方，讚美對方。比如，同事穿了新衣服時，我們可以說：「這件衣服是新買的嗎？真的很適合你！」一句簡單的話，就表現了我們對同事的關注。

而且，我們指出的變化越微小，越不容易察覺，對方就越高興。關注對方的變化可以讓對方感受到我們的關注和關心，這能讓我們和對方的關係更加親密。

◎稱呼對方的名字

受傳統文化的影響，我們通常不是很習慣直呼別人的名字，認為直呼其名是不禮貌的。其實，稱呼對方的名字可以拉近我們和對方的距離，讓雙方快速熟絡起來。

西方人在說話時就很喜歡稱呼對方的名字，他們常常把對方的名字掛在嘴邊，這種做法能讓對方備感親切，就算是初次見面，也讓人感覺彷彿相識已久。這樣做還有一個好處，就是讓對方感覺我們認可他，是他的「自己人」。

◎談對方關心的事

談話時，談論對方關心的事，能引起對方的興趣，並自然地引出話題。要做到這點，就要做個有心人，充分地了解對方。

了解並統整對方的資訊可以讓我們加深記憶，在與對方下次見面前事先做準備。把對方感興趣的和關心的「情報」記下來，再次見面時，我們就能為對方提供他感興趣的「情報」。

如果有一個第一次見面的朋友對模型非常感興趣，我們就可以稍稍了解這方面的新資訊，下次見面時稍微提及，這樣可以表現出我們對對方的關注和重視，如此一來，對方也會對彼此的對話產生興趣和好感。

以上是交談時贏得對方好感的一些小技巧，千萬不要覺得這樣的做法很功利，要知道，當我們在這樣做的時候，雖然我們抱有贏得對方好感的目的，但是我們的關心卻是發自內心的。

千萬不要小看溝通的作用，與人說話，是推銷自己和拉近關係的最好時機。巧妙地說話，既能贏得別人的好感，也能達到自己的目的。因此，我們平時在交談時，可以多參考以上這些溝通技巧。

正確的稱呼，開口就暖心

在日常生活中，我們每天都要和不同的人見面交流，在這個過程中，我們免不了要稱呼別人。從某種程度來說，如何恰當地稱呼對方，是人際關係中重要的一環。一聲正確的稱呼，可以幫助我們開口便贏得人心，反之，如果稱呼運用得不恰當，不僅會導致雙方談話中斷，甚至還可能引起對方的反感。

不管是在職場、社交，抑或是生活中，正確而禮貌的稱呼都有助於讓我們快速贏得對方的好感，幫我們處理好與同事、朋友、家人之間的關係，並為自己贏得一個好人緣。而錯誤的稱呼則可能讓人心生不快，並為人際關係的增添阻礙。

稱呼的正確與否和我們的日常生活息息相關，我們應該學會慎重地選擇一個合適的稱謂來稱呼他人。一個聰明會說話的人，對他人的稱呼絕不會敷衍了事。當然，如何選擇正確的稱呼方式也需要一些技巧的，總結起來，主要有以下幾個原則：

◎要看對方年齡

老話說得好：「逢人減歲，遇物加錢」。意思是說，人往年輕講，物往貴處說。很多人都希望自己能夠永遠年輕，青春長駐，這其中又以女性尤甚，所以能叫姐姐的就還是別叫阿姨了。即使別人的年齡足以做你的長輩，但對方也不會對你這種美麗而錯誤的稱呼心生厭惡，反而還會高興不已。

◎要考慮自己與對方的親疏關係

在稱呼他人時，我們還要考慮自己與對方之間的親疏遠近。比如，面對親密無間的朋友或親人時，直呼其名並不會引起對方的反感，反而會讓人感到輕鬆和愉快。但若是你稱呼「女士」或「小姐」時，就會在無形中把關係變得疏遠。當然，若是為了創造意外之喜，偶爾開個玩笑，也是可以的。

◎要考慮對方的職業

不同的職業，稱呼也不同，在稱呼他人時，我們還需要考慮到他人的職業身分。比如，對教師應稱「老師」；對司機應稱「大哥、師傅」……總之，我們應以職業的不同來做出合理的稱呼。

◎要注意場合

雖然說有些稱呼能表現雙方之間的親近，但在一些正式場合卻不宜使用。例如「兄弟」、「哥」等一類的稱呼，聽起來雖然讓人舒服，可以拉近彼此的距離，但卻不適合在嚴肅場合稱呼。

在說話時，稱呼往往是給對方留下的第一印象。不同的稱呼反映的是交際雙方身分、地位、和親疏遠近的區別，傳遞的是說者對聽者的態度與熱情。所以，我們一定要根據交談對象的年齡、職業、身分、地位、場合及親疏遠近來使用恰當而合理的稱呼，這樣才能讓人際交往關係長久發展。

寒暄幾句，快速拉近距離

何謂寒暄？寒暄其實就是問候與應酬。雖然寒暄表達的是一些單調而簡單的話語，但它在人際關係中發揮的效果卻是不容小覷的。一句恰到好處的寒暄，不僅能幫助我們營造和諧融洽的交談氛圍，也能在彼此之間架起一座溝通的橋梁，讓雙方的來往更深入。

寒暄是正式交談的前奏和開場白，雖然看似簡單，人人都會，但若想發揮最大效果，卻不是一件容易的事。換言之，並不是所有的寒暄都能夠達到你想要的效果。如果寒暄不恰當，反而會弄巧成拙。那麼，什麼樣的寒暄才是有效的寒暄呢？我們先來看一個案例。

小韓入職不到兩年，就被大家稱為「最會找話題的人」。因為無論認識不認識，他總能愉快地和對方聊上一陣子。

有一次，他上班在電梯裡遇上公司經理，若是兩人在電梯裡站著不說話該有多尷尬！他腦筋一轉，想起了經理辦公室裡的一幅字，便說：「聽說您辦公室裡的字是您自己寫的？筆力強勁，一看就功力深厚，您每天這麼忙，還能抽出時間練字，太了不起了！」

經理從電梯走出來時，笑吟吟地對小韓說：「下午幫我跑個腿啊！」雖然是幫忙跑腿，但大家都知道這意味著經理對小韓青眼有加。

後來，大家常常向小韓請教怎麼寒暄，他也毫無保留地總結了幾個重點，比如：

1. 聊天氣：這個季節出門還是有點冷的。（下雨、暖和、乾燥等）

2. 聊家庭：您孩子的成績一定不錯吧！（學校、聰明、漂亮）

3. 聊事業：您以前竟然還自己創業過呢！（創業史、艱難、成就）

4. 聊健康：您這身材保持得真好！（氣色、年輕、有活力）

5. 聊旅遊：休假打算去哪裡玩？（求推薦、攻略）

6. 聊興趣：哇，您喜歡馬拉松啊！（書法、音樂、運動、文化）

小韓還說，其實很多事情都可以聊，重點是你要從對方身上找話題。

作為正式交談的前奏，開頭的寒暄直接定調了整個談話。

所以，在說話時，我們絕對不能忽視寒暄的重要性。通常，寒暄的時候要注意以下三點：

◎應保有主動熱情、誠實友善的態度

不管寒暄的目的是什麼，都應該抱持著主動熱情與誠實友善的態度。這兩者缺一不可，結合兩者就能達到寒暄的目的。試想一下，倘若別人用一種冰冷的態度對你說「你好」，你的內心會感到愉悅與開心嗎？當別人用傲慢和不屑一顧的態度來誇獎你「你可真了不起」，你能感受到對方的誠意嗎？肯定沒辦法，所以，推己及人，我們在寒暄時一定要盡量主動熱情、誠實友善。

◎應點到為止

任何事情都應拿捏好分寸，寒暄也不例外。恰到好處的寒暄才有助於打開談話的局面，才能順勢進行交流。如果寒暄個沒完沒了，廢話連篇，絲毫不考慮對方的感受與需求，那麼就容易令人生厭。聰明的人，往往善於從簡短的寒暄中找到合適的契機，順水推舟達到自己說話的目的。

一般來說，在寒暄時選擇合適的話題有助於我們拉近與對方的心理距離。以下為大家提供幾個好的寒暄話題：

◎自己鬧過的無傷大雅的笑話

玩笑話，誰都愛聽，但誰都不會放在心上。所以，適當的開開自己的玩笑，除了能夠博他人一笑之外，還能營造一種輕鬆愉悅的氛圍。

◎天氣

天氣是人們日常生活中最為關注的話題，同時也是最適合寒暄的話題。天氣變化無常，並與我們的生活密切相關，如果沒有合適的話題來寒暄，我們不妨就從天氣開始，將天氣作為寒暄的開場白。

◎醫療保健

健康是人人都會關心、都感興趣的話題。妙手回春的醫生、健康養生的經驗、延年益壽的祕方、強身健體的鍛鍊方法、有效減肥不復胖的話題等，這些都可以作為寒暄的話題，來吸引他人的注意力，勾起對方的興趣。倘若你能夠在他人有需求的方面提供一些有價值的資訊，那就更能拉近彼此的距離。

◎家庭話題

家庭是最溫馨的港灣，人人都想營造一個和諧友愛的家庭氛圍。而孩子教育、夫妻相處、家庭理財、理財規劃等，這些大多數人都感興趣的話題，也可以作為寒暄的話題。

總之，寒暄人人都會，卻未必人人都做得好。只有掌握了一定的寒暄技巧，才能夠讓寒暄變得更有意義。

第六章

14 種高情商說話法，讓你說什麼都中用

批評、說服、勸解、請求……我們在說話時，總是抱著某種目的。人人都會說話，但並非人人都能將話說得巧妙，在日常生活中，許多人說起話來總是漫無目的、讓人摸不著頭緒，不知道他想表達什麼，還自以為能言善道。語言是一門藝術，只有了解真正的說話方法，掌握正確的說話技巧，才能快速達到說話目的。

順著別人說，效果翻倍

每個人都是一個獨立的個體，都有自己獨特的想法，因此難免會有一些人不同意我們的觀點。此時，我們該怎麼辦呢？是不假思索地反唇相譏？還是順著對方的話說？很顯然，前者並不是解決問題的好辦法，只會讓關係陷入僵局；而後者才能讓減少衝突發生的機率，然後再找機會與對方達成共識，進而達到我們的目的。

下面這個案例中的妻子，就深諳此道。

老劉家有一臺「古董級」的冰箱，用了快二十五年了，冰箱效能已經大大下降，製冷效果也非常差，為此，妻子曾多次與他商量要買一臺新的冰箱，每次老劉都不同意。

有一天，中午正熱的時候，妻子說：「今天好熱，你幫我從冰箱裡拿一根冰棒吧。」

老劉打開冰箱拿冰棒時才發現冰棒都融化了，於是他：「冰棒都融化了，沒辦法吃了。」

妻子問道：「怎麼融化了呢？」

老劉說：「不知道是不是冰箱門沒關好？」

妻子說：「門沒關好的可能性不大，我看還是因為這個冰箱用太久了，零件都退化了，應該是製冷效果太差的關係。」

老劉說：「看來是真的壞了，不能用了。」

此時，妻子順勢說道：「要不我們買臺新的吧。」

老劉猶豫地說：「可是買新的又要花一筆錢，有點心疼。」

妻子說：「這個錢不能省，天氣這麼熱，把菜放進冰箱也會壞的。」

老劉沒有再反對：「那就買吧。」

第二天，他們就馬上訂了一臺新的冰箱。

案例中，妻子巧妙地抓住了機會，然後順著老劉的話說，才達到自己的目的。其實，在現實生活中，順著對方的話說可以應用在非常多情況。

小孟自己開了一家小型的母嬰專賣店，嬰幼兒所需的各種物品、食品一應俱全。由於她對產品品質把關嚴格，因此開店五六年，口碑一直都很好。

但是，有一天突然來了一位怒氣沖沖的顧客，一來就在店門口大喊大叫：「我在你這裡買了一罐嬰兒奶粉，結果裡面卻有一隻大蒼蠅，這讓孩子怎麼喝？賠錢！」

小孟看了看奶粉和蒼蠅，心裡明白這位顧客多半是來訛錢的。於是問道：「您確定這是在我們店裡購買的奶粉嗎？購物明細和發票還有嗎？」

「都買了一個月了，明細早就丟了。你今天如果不賠錢，我們就報警！」顧客態度非常強硬。

小孟趁機說：「嗯，那麼聽您的，我們報警吧。一來我們也需要找到奶粉的來源，二來也可以看一下這隻蒼蠅死了多久了。如果不是我們店裡的奶粉，或者蒼蠅原本不是奶粉裡的，我們可能需要做其他案件讓警察處理。」

那人一聽真要報警，就膽怯了。於是語氣立刻緩和了，說：「是不是你們店裡的，你一看不就知道了？」

於是，小孟順著那人的話拿起奶粉看了看，說：「這個品牌我們半年前就沒賣了。」

「那難道是我記錯了？」顧客也趕緊找臺階下。

「可能您真的記錯了，照顧孩子要注意的事這麼多，您也辛苦了吧？」小孟繼續順著話說。

最後，那人拿著奶粉訕訕地走了。

案例中的小孟，先是順著顧客的話說要報警，然後又順著顧客的話說「可能您真的記錯了」，連續使用順水推舟的技巧，讓問題迎刃而解。

其實，任何事情都有正反兩面，順著對方的話說也是如此。我們在運用這種方法時，切記不可亂用，以免給自己造成不必要的麻煩。

那麼，我們要怎麼更恰當地運用呢？

◎第一步：了解對方的心態和狀況

人的心態和狀況決定了其說話的內容和方式，因此，我們在對話的過程中要先了解對方的心態和狀況，這樣才能把握機會，順利進行對話。

◎第二步：加以引導

其實大多數的機會都是自己創造和爭取的，因此當我們與對方在進行談話時，要適時地引導，引導對方慢慢地進入自己的立場和語言環境，為下一步行動先鋪陳。

如果我們能確實按照上面兩個步驟操作，那麼就能在說話時掌握順著對方的「桿子」往上爬的技巧，更好地達到說話的目的。

軟硬兼施，讓話有說服力

對犯錯者採用恩威並施的激勵政策：先給予批評，讓他對自己的犯的錯有一個直觀的認知，再適當地進行鼓勵，這樣才能更容易引導他人心甘情願地接受並改善。

人人都會犯錯，犯錯後被他人責備時，難免會灰心喪志，甚至失去工作與生活的信心。比如，當某公司職員因工作失誤而被老闆責備後，心中就會產生這樣的想法：我以後在這家公司看來是無法被重用了。抱著這樣的心態，此員工必然會用消極的態度工作，甚至因此自暴自棄而產生離職的想法。但倘若此時，老闆在責備之後，再用一兩句溫馨且振奮人心的話語來鼓勵這位員工，比如：「我認為你是個人才，所以才對你比較嚴格，希望你有更好的表現。」當員工聽到這樣的話後，內心就會認為：「原來老闆並不是無情的，他也是恨鐵不成鋼。說不定我再努力看看，就能獲得老闆的青睞，升遷加薪也是有可能哦！」

「先批評，後表揚」的說話技巧究竟能產生怎樣的效果呢？我們再來看下面兩個案例：

案例一：年底，某主管發現祕書寫的年度總結報告還有幾處不太妥當，需要修改。於是他對祕書說：「小王，你這份總結報告大部分寫得還不錯，條理清晰且一目了然，重點明確且非常有看點，看來你花了不少心思。但是，這裡面還有幾個小地方不太準確，稍微有點言過其實了，數據上資料也不夠具體，我都已經標出來了，所以還需要你再重新修改一下。你的能力進步了非常多，也越來越擅長寫報告，把這些細節改掉之後就是一份完美無缺的報告了。」

不得不說，這位主管真的非常擅長說話的技巧，因為他在提出建議之前就已經將「優點」列出來了。首先他大力肯定了祕書在工作中付出的心力，並不吝於誇獎對方的優點，再委婉地提出對方的不足之處，最後再給予鼓勵，讓對方在接受建議的同時又受到了鼓勵。這樣恩威並施，不僅顧及了員工的感受，又能提高工作成效。

案例二：小李平時上班都很準時，但最近幾天他卻接連遲到，對此，同事們議論紛紛。這天，趁工作的空隙，主管將小李叫到自己的辦公室，問：「小李，最近聽同事們說你這段時間上班常遲到，這樣可是違反了公司的考勤制度呢。」小李略帶歉意地說：「不好意思，最近總是失眠，所以早上就有點起不來，所以上班就遲到了。」

主管接著說：「不以規矩，不能成方圓。每個公司都有制度及規範化的管理。你這樣常常遲到不但影響工作，還會早成不好的影響。希望你以後注意，如果一再發生這樣的事情，我就只能按公司制度來處理了。」小李低著頭回答：「您放心，我以後一定準時。」

最後在小李離開前，主管又說：「其實，在我的印象中，你一直都是對工作認真負責的人，我對你很放心，希望你能繼續保持這份積極，並再接再厲。」聽到這番話，小李立刻有了精神，並大聲說道：「謝謝您的鼓勵，我一定會繼續努力，不會讓您失望的！」

如果說，我們把批評比喻為「火攻」，把鼓勵視為「水療」，那麼，一味地「火攻」或「水療」都不能達到理想的效果。只有雙管齊下，才是解決問題最有效的方法。

所以，批評他人時，若能在話題結束前給予適當的鼓勵，不僅可以讓對方放鬆情緒，還能使之心情愉快。這種有溫度的客觀評價，往往能讓聽者心甘情願地接受批評。總之，批評過後採取一些「善後」措施是很有必要的，不僅能幫助對方改正，同時還能維持好人際關係。

先開大要求，再提小請求

生活中，你是否曾有過這樣的經歷：如果對方向你借 5,000 元，那麼你很可能會找理由拒絕對方，如果對方緊接著又說：「我知道 5,000 元是有點太多了，2,000 元也可以。」此時你可能就會答應對方的要求了。試想一下，假如對方從一開始就向你借 2,000 元，那麼你還會答應得這麼爽快嗎？答案顯然是否定的。

在心理學上，我們將這種現象稱之為「門面拒絕效應」(door-in-the-face technique)，也叫以退為進法。簡單來說，就是當人們在拒絕了他人的一個大要求後，通常會因為沒有幫助到他人或者辜負了他人的良好願望而感到內疚。此時，他們往往會欣然接受別人的第二個小一點的要求，以達到自己的心理平衡，並恢復自己在別人心中的良好形象。

其實，門面拒絕效應早在 1975 年美國心理學家西奧迪尼(Robert Cialdini) 的實驗中印證。在實驗中，人們被分為三組，實驗者分別向這三組提出不同的要求。

實驗者對第一組人提的要求是：每週到少年矯正機構當 2 小時志工，為期兩年，而且是沒有薪資的。結果毫無懸念，所有的人都拒絕了這樣的要求，實驗者馬上又提出一個小要求，要求被實驗者帶青少年到動物園玩兩個小時。

實驗者對第二組人提的只是一個小要求：即帶青少年到動物園玩。

實驗者對第三組人提的要求是：可以在兩個要求中任選一個。

後來，實驗結果顯示：這三組的同意率分別為：50%、16.7%、25%。

這個實驗告訴我們，當我們向別人提要求之前，如果能巧妙地利用以退為進法，首先提出一個可能會被別人拒絕的大要求，然後再提出自己真正想提的小要求，就可以大大增加對方答應的機率。

其實，以退為進法在日常生活中的運用非常廣泛。

比如：我們買東西時，對方都會先漫天要價，然後再和我們討價還價，此時我們就會覺得對方做出了讓步，價格也變得比較合理了，從而接受最終的報價。

再比如，妻子如果勸說丈夫每天少抽一點菸，那麼丈夫一定是會無動於衷的。假如妻子一開始就要求丈夫戒菸，不許家裡有菸味，那麼丈夫肯定不會同意這個要求，而妻子就可以順勢提出自己真正的要求，讓丈夫每天少抽幾根，最多 3 根，那麼丈夫很可能就答應了妻子的要求，這樣妻子就達到了讓丈夫少抽菸的目的。

要知道，「門面拒絕效應」產生的原因與我們心理反差的錯覺作用息息相關。而我們心理的反差則是由所提要求的大小決定的，也就是說，心理反差的大小與要求之間的差距有直接關係，要求之間的差距越大，心理反差越大，給我們的錯覺也就越大。

當然，我們若想善加運用門面拒絕效應，還需要注意以下兩點：

◎使用門面拒絕效應時要不露痕跡

如果我們想運用門面拒絕效應，就一定不能讓對方有所察覺，要在對方沒有意識到的狀態下使用。

◎要適當讓步

一般情況下，讓步越大，產生的效果就會越大。可是如果對方發現我們做出的讓步是虛假讓步時，那麼對方就不再信任我們了，以後不管我們提什麼要求，對方都不會相信。

總之，在溝通中適當地運用門面拒絕效應，可以幫助我們更容易達到目的。

維護自尊，對方才願意聽

自尊心是指一種由自我評價所引起的自信、自愛、自重和自尊，並希望受到別人尊重的心理感受。人人都有自尊心，且不容隨意侵犯。如果我們在日常交流中，能時時刻刻站在對方的立場，替對方著想，維護對方的自尊心，那麼對方就會認為自己受到尊重和重視，心情舒暢地與我們繼續交流；如果我們在交流時傷害了對方的自尊心，那麼對方就會產生痛苦、憤怒、反感和牴觸的情緒，而這些負面情緒不利於我們與對方繼續交流。

李麗和丈夫結婚多年，相處還算融洽。但丈夫卻有一個毛病，就是喜歡在人前擺架子。

有一天，李麗下班回家，看到丈夫帶來了一群不速之客，茶几上擺滿了菸酒零食，整個客廳烏煙瘴氣。儘管李麗有些不滿，但為了丈夫的面子還是和氣地和大家打招呼。

在場的人也覺得有些尷尬，於是對李麗說：「嫂子不好意思啊，沒跟您提前打聲招呼就來了。」還沒等李麗說話，丈夫就大聲說：「哪有這個規矩啊。妳去，再給大家炒幾個菜！」那口氣完全沒有把妻子放在心上。

客人走後，李麗因此與丈夫大吵一架。而這件事也彷彿一根導火線，兩人時不時地產生爭執，最後不得不以離婚收場。

案例中，這位丈夫只為了自己有「面子」卻完全忽略了妻子的感受，最終自食其果。

通常，人們的自尊心主要來自於自我價值感，而自我價值感又來自於交際時別人對自己的肯定。因為，肯定的回應會增加一個人的自我價值感，而否定則會降低一個人的自我價值感，所以，人們對否定自己的語言總是特別敏感。在溝通中，我們要對他人的自我價值感有正面效益，維護對方的自尊心。一味地貶損對方的自我價值感，只會激起對方的自我保護機制，引起對方的激烈反抗和排斥。

下面案例中的小娟就是因為沒有維護別人的自尊心，才失去了好朋友。

小娟的好朋友小燕是一個性格溫柔，學業成績優異的女孩，個性十分內向。小燕的家住在鄉下，經濟狀況不好，因此在同學面前她總是有一點自卑，但是在小娟的面前，她卻能做真實的自己，所以她們成了無話不談的好朋友。

有一天，老師通知住在市區的同學放學後留下來開會。老師通知的時候，小燕剛好有事不在教室，等她回到教室後聽到有同學在討論開會的事情，就疑惑地問小娟：「我們放學後還要開會嗎？」

小娟說：「你又不住在市區，不用開會。」

小燕聽到小娟的回答，突然很生氣地說：「住在市區就比較了不起嗎？」

看到小燕生氣，小娟覺得很奇怪，還以為她只是心情不好，也就沒有太在意。

可是，小燕整整一個星期都沒有和小娟說話，小娟也不好意思主動找小燕，漸漸地她們便疏遠了。直到最後小娟也沒有搞清楚小燕究竟為什麼生氣。

其實，案例中的小燕之所以會生氣，就是因為小娟無意間的一句話，深深地傷害了她的自尊心。人人都有自尊心，而自尊和自卑就像是一對雙胞胎，當我們說話時，如果無意間觸及了對方內心的自卑，就是傷害了對方的自尊心，於是，對方就很可能會因此遠離我們甚至憎恨我們。所以，我們在與人交流時，一定要顧及別人的自尊心。

不傷害對方的自尊心，能讓對方感受到尊重和重視，才能助我們達到目的。一個高情商會說話的人，一定懂得在交流時用平等的態度去對待他人、避開對方的弱點和缺點、保護對方的自卑，更懂得只有當自己給對方尊重的時候，對方才會回報給我們同等的尊重。

請求幫忙，強求不如引導

俗話說；「多一事不如少一事。」人的內心都會有怕麻煩的想法，所以會本能地排斥他人的請求。有的人會大談自己的苦衷，然後委婉地拒絕；有的人連表面功夫都不會做，會直接了當拒絕。而提出請求的人在被拒絕後，極端一點的可能會恐嚇威脅對方，不講道理的可能會死纏爛打，事實上，這樣的「求助」方式都無法達成目的。在請求幫助時，如果我們的態度能更溫和一些，語氣更委婉一點，不要直接展現出自己的意圖，選擇合適的時間和場合，等時機到了再提出自己的請求，我們被拒絕的機率就會小很多。

家明是一家藝術設計工作室的主編，而他的遠房表舅是業界一位著名的攝影師，他們公司剛好在策劃一個關於藝術攝影的專題，家明就想和表舅談合作事宜。但是表舅有些藝術家的怪脾氣，而且他的作品在業內很受追捧，家明所屬的工作室也不是業內最有影響力的，所以他沒把握是否能順利達成合作。

懷著忐忑的心情，家明來到表舅家裡拜訪，表舅很熱情的接待了他，兩人閒聊了一會後，家明提到了最近在策劃的攝影專題，這時表舅卻沒有正面回應，反而顧左右而言他，不給家明提出合作邀約的機會。於是，家明改變策略，先不談合作的事情，而改談表舅感興趣的話題。

轉移了話題以後，家明和表舅聊得很開心。看到氣氛變得越來越好，家明順勢提到了表舅今年獲得了國際獎項的一幅作品，將話題重新拉回了攝影：「舅舅，聽說您的作品又得了大獎，還刊登在了國際著名的攝影雜誌上。」

一提到自己的得意之作，表舅馬上來了興致，頗為自豪地說道：「是啊。」

家明接著說：「您的那幅作品構圖太厲害了，您是怎麼想到的啊！」

舅舅哈哈一笑，得意地說：「為了找這個角度，我差點把腿都摔斷了。」

接著，兩人就攝影的話題滔滔不絕地聊了起來，氣氛也變得輕鬆多了。後來，表舅拿出了自己最新的作品請家明欣賞，並提出可以把這幾幅作品發表在家明他們工作室的社群版面上。其實，表舅早就看出家明想與他合作，他一開始不想答應，但是和家明聊了一陣子之後，他發現家明是真正能欣賞自己作品價值的人，他也很信任家明，所以就順勢答應了家明的請求。

在這個案例中，家明透過聊表舅感興趣的話題，成功獲得表舅的信任，進而讓表舅與自己合作。如果家明在一開始就提出合作的邀約，勢必會引起表舅的反感，可能後面連攝影作品都沒機會聊。從這個例子可以看出，提出請求時，要循序漸進、慢慢引導。

提出請求時，與其強求，不如循循善誘。那麼，要怎樣循循善誘呢？實際上可以從以下幾個方面著手：

◎從對方的興趣當作切入點

從對方的興趣當切入點，能讓我們的目的更容易達成。當我們想讓別人一起參與到某件事中，就必須要找出這其中最能吸引對方的點。換言之，當我們想讓別人幫忙做一件事時，就要讓對方對這件事感興趣，或者讓對方從幫助我們的過程中獲得一些成就感。只有這樣，對方才會有做這件事的意願。

◎引起對方的好奇心

每個人都有好奇心，而好奇心會驅使我們做很多事。我們在請求別人時可以利用對方的好奇心 循循善誘。

◎用誠懇的態度請求對方

向對方提出請求時，若想讓對方答應，就很考驗溝通技巧。有的人口才極佳，可以輕易地說服對方，那自然可以輕易達到目的。而有的人笨嘴拙舌，說話吞吞吐吐、不乾脆，就很容易讓對方不耐煩。但是，誠懇的態度可以彌補溝通技巧的不足，真誠的話語有時候比華麗的辭藻更能打動人。

求人說難也難，說簡單也簡單，關鍵看你怎麼去做，掌握了正確的說話技巧，對他人提出要求也能成為一件輕而易舉的事情。

巧用反問，反守為攻

有時候，動機不明的提問會讓我們陷入被動的境地，很難做出正面回應。此時，我們可以用反問把「皮球」踢回去，重新掌握說話的主動權。這種溝通技巧，可以幫助我們在生活中化解尷尬。比如，遇到長輩打聽我們的年收入，如果不想回答，就可以反問：「怎麼了嗎？您要幫我介紹新工作嗎？」反問是一個很好掌握的技巧，平時的生活和工作中也能廣泛運用。

比如，有顧客詢問賣專櫃的櫃姐：「這款唇膏還有其他色號嗎？你們櫃上只展示了 4 種，其他的是不是都缺貨了？」因為此時櫃姐並不知道顧客究竟想要哪個色號，如果貿然回答就會讓櫃姐陷入被動，如果能學會反問：「您需要什麼顏色呢？」然後再根據顧客的需求來回應，推薦其他色號，就能巧妙地化被動為主動。

小高是一位工作能力一流的保險業務，有一次，他為客戶推薦了一套保險方案，客戶卻很猶豫，對他說：「你推薦的這個方案很適合我，我也很滿意。我過兩天再打電話，到時候再細談。」

小高說：「感謝您，您現在是否對這個方案還有疑慮呢？」這位客戶說：「我想回去考慮一下，再跟我的家人商量一下。」

小高接著問：「您主要是對哪個部分不清楚呢？」顧客解釋

道：「我之前也買過另一家公司的理財方案，業務說得也很吸引人，提出各種優惠，我當時沒仔細考慮太多就買了。後來我回去又仔細看了細項，算了一下發現利息並沒有他說的那麼多。最後那個理財方案還讓我虧錢。」

小高說：「原來是這樣啊！那太可惜了。是因為那次的經驗，您才決定再仔細考慮兩天的嗎？」這位客戶說：「對，我怕再做出草率的決定。」

小高說：「我明白了。那麼除此之外，您對這套方案還有什麼別的疑慮嗎？」顧客回答說：「主要就是這一點，其他的沒有了。」

在這個案例中，透過反問，小高引導客戶說出了自己不立刻購買的原因，排除了客戶對保單不滿意的可能性，小高對後續的詳談也更有把握了，最後，他也和這位客戶成功簽單了。有的銷售人員在銷售的過程中總是覺得顧客的問題和需求很難應對，而小高卻將顧客的疑慮當成了切入點，利用反問的技巧引導顧客說出了心裡話。事實證明，這種反問的技巧是非常有效的，可以將被動化為主動。

不過，要注意的是，反問的目的不是推脫和搪塞，而是以巧妙的溝通技巧來化解雙方想法的分歧。面對對方提出的異議，我們可以用一些問題作為引導，讓對方表達出真實想法。然後我們就可以根據對方的想法做出合適的回應了。

為了讓大家更容易掌握這一點，我們再來看一個案例。

小悅在 LINE 群組做代購，某一天她收到了客訴，對方傳了一張包包的照片，說：「你幫我買的這個包是假的！」

小悅連忙打開照片仔細看了看，發現這個包包並不是從她這邊賣出去的，但她沒有直接反駁，而是說：「您好，您覺得這個包包哪裡不像正品呢？」

對方說：「我拿去專櫃對比了，這個包上的金屬扣看起來太假了。」

小悅回覆說：「是的，我也這麼覺得。而且這款包包的正貨沒有出這個顏色，您去了專櫃難道沒有發現嗎？」

對方沉默了一會兒，馬上說：「你承認這是假的了嗎？」

小悅：「是的，的確是假的。」

對方：「既然賣假貨就要賠償，你把錢退給我！要不然我就要報警了！」

小悅：「好的，您可以去報警，但是您有購買明細或者付款紀錄嗎？您能提出證明包包是從我這邊售出的嗎？」

對方一下子啞口無言，原來這個人是一個專門用假包騙取退款的慣犯。

小悅透過反問，讓對方露出了破綻，最後一針見血地點出死穴，不僅沒有讓對方得逞，還讓他無法反駁。

從這個案例中我們可以看出，反問不僅可以把「皮球」踢給對方，還可以讓我們從對方的回答中獲得更多資訊。而且，一且對方提出的要求是沒有依據的，他也無法招架更仔細的盤問。

巧用反問的說話技巧，可以有效化解尷尬和被動處境，讓我們掌握說話的主動權。所以在日常生活中應該靈活運用反問的說溝通技巧，就能不被對方牽著鼻子走。

曉之以理、動之以情、衡之以利

在人際關係中，我們常常需要說服別人。而說服別人時所用到的技巧可以大致分為「曉之以理」、「動之以情」和「衡之以利」三種方法。下面我們分別來看看這三種方法是怎樣具體操作的。

◎曉之以理

曉之以理，就是要跟對方講道理。我們在說服別人時，可以先舉幾個簡單的例子，再分析例子，最後闡述道理，這樣就可以很快把事情講清楚。

如果是比較複雜的事情，涉及到很多方面，有可能牽一髮而動全身時，我們就必須從各種角度地進行全方位地分析，用嚴密的邏輯推理來說服對方。

不過，需要注意的是，推理得出的結論，不應該由我們單方面來告知對方，最好以徵求意見的方式，來引導對方和我們一起分析和推理，並由雙方共同得出結論。這樣對方就會把我們提出的主張和建議當成兩人達成的共識。如此一來，我們就不需要多費唇舌，對方就會自然而然地被說服。

我們在「曉之以理」說服別人時，最好主動出擊先發制人。如果對方已經明確表示拒絕，我們再用「曉之以理」的方法去說服他，就會在溝通上有較大的阻力。當然，我們在先發制人時也不能是盛氣凌人的蠻橫態度，而應該用商量、詢問等委婉的方式去說服。否則，不但不能說服對方，還有可能會讓對方產生抗拒。

◎動之以情

有時候光「曉之以理」是不夠的，還要「動之以情」，才能成功地說服對方。因為，在很多情況下，說服別人其實是用情感打動別人。所以我們要善用「動之以情」的技巧，用真情打動對方，達到我們的說服目的。

一般來說，當兩個人意見相左而產生矛盾時，他們的情緒也是對立的。當我們與對方處在情緒對立的狀態下，理智就會被情緒所矇蔽，此時，靠講道理是無法說服對方的。因為一旦情緒占了上風，就算是很理智地思考問題，再嚴密的推理及再完整的邏輯也無濟於事。此時，我們最應該做的就是「動之以情」，用情感來打動對方，讓對方接納、理解，曾能被我們說服。

下面這個案例就很好的說明了這一點。

老吳的成衣工廠因為經營不善導致資金周轉不靈，發不出薪水，於是員工們集體罷工抗議。老吳為了挽救工廠，費盡千辛萬苦簽了一筆大訂單，如果做成這筆訂單，工廠就能起死回生，員工們的薪水也能全部發放。可是員工們卻表示什麼時候發薪水就什麼時候復工。

雙方僵持不下時，老吳把所有員工都召集了起來，真誠地向大家道歉，並說：「工廠經營遇到困難，大家依然不離不棄，我真的非常感謝大家。現在資金有點問題，沒有錢給大家發薪水，是我對不起大家。我們大家都在這個工廠待了十幾年，也都很有感情了，相信你們也不希望工廠破產。目前只有這筆訂單能夠挽救我們工廠，做成了這筆訂單工廠就能度過這個難關，大家的薪水也就有著落。我希望大家能共同努力，保住工廠！」

員工們聽了老吳的一番話，意識到這確實是眼下唯一的解決之道，第二天就來上工了。在大家的齊心協力下，員工們圓滿地完成了這筆訂單，工廠因此度過了難關，員工們也拿到了薪水。

在這個案例中，老吳動之以情地說服了集體罷工的員工們，喚起了他們對工廠多年的感情，讓他們自願復工幫助工廠度過難關。由此我們可以看出，情感是雙方溝通的橋梁，想要說服對方，就必須跨越這道橋梁，用情感攻破對方的心理防線。所以，我們在說服別人時，一定要善用「以情動人」，用情感引起共鳴，達到說服對方的目的。

◎誘之以利

「誘之以利」就是為對方分析利弊。對於以利益為重的人來說，「曉之以理」很難說服他們，「動之以情」更難打動他們，只有向他們講明利弊得失，才能說服他們。因為，以利益為重的人都懂得「趨吉避凶」，只有搞清楚利害關係，他們才會接受我們的觀點。

不過，並不是每個人都是利字當頭的思考方式。還有一些人是重情義的，他們並不過於追求利益，但是我們也應當主動地為他們的利益考慮。而且，當我們考慮了對方的利益，明白了對方的需求後，在說服對方時才能更萬無一失。

不急不躁，耐心最能打動人

俗話說：「心急吃不了熱豆腐。」這句話告訴我們，浮躁的心態是不可取的，而耐心才是成功的關鍵。這個道理同樣也適用於溝通上。

在心理學上，「耐心」是衡量我們意志性情的一個重要指標，它與人的積極性性、自制力和心理承受能力相關。過於心急和浮躁都是缺乏耐心的表現。

許多人在與人溝通時，總是希望對方聽了自己的觀點以後，馬上就表示贊同，如果對方始終不能被自己說服，雙方僵持不下時，有的人就會心浮氣躁。

對方能夠馬上被我們說服，這當然是最理想的狀態，但是這樣的情況在日常生活中卻不多見。因為每個人的觀點想法和行為習慣都不是短期形成的，要改變別人的看法，需要我們付出相當的耐心。很多時候，我們甚至會遇到這樣的情況，對方也許當時被我們說服了，同意了我們的看法，可是過了一段時間後，他們又不認同我們的觀點了。面對這種情況，我們更應該要有耐心，千萬不要急躁地指責和批評對方。

在溝通時，耐心能讓我們有更多時間思考，尤其是在對方很急切時，保持耐心能讓我們找到突破口，進而達成目的。

有的人性格急躁、愛面子，沒辦法接受別人的拒絕，只要一感覺到受阻，就會備感羞辱和氣惱，急躁得聽不進對方的解釋，要麼拂袖而去，不再與對方來往，要麼很強勢地想壓迫對方，雙方因而引發激烈的爭執。這樣的人看起來很有「骨氣」，但實際上是缺乏耐心。急躁的性格讓他們沒有一步步達到目標的耐心，很容易半途放棄。

我們在溝通時，一定要避免急躁，就算一時碰了釘子也不要氣惱，要靜下心來繼續用我們的耐心去打動對方。哪怕只有一點點可能，我們也要盡最大努力去爭取，給對方充足的時間去理解我們的用意，控制說話的節奏，掌握談話的主動權，不達目的絕不罷休。

該低頭就低頭，退讓不吃虧

在生活中，我們常常會遇到一些搞不定的事，此時，適當的低頭就顯得尤為重要。我們先來看下面這個案例：

小張大學畢業後進了一家廣告公司，工作了一段時間後，總監為了考驗小張的工作能力，就讓他獨立進行一個企劃。很快，小張便做好了方案拿給總監過目，不料，總監卻搖搖頭說：「不夠完善。」小張拿著自己做的方案，左看右看，卻不知道從何改起。

這時，經驗豐富的王經理走過來問道：「是不是方案沒通過啊？要不要我幫你看看？」小張因為心裡著急就不耐煩地說：「算了，不用！」

後來，小張的方案反覆改了幾次都沒有通過，於是，他想起了王經理。他去找王經理，但王經理一看到他，就冷淡地說：「張大公子，找我有何貴幹啊？」小張心想，自己之前態度不好，而現在有求於人，應該先低個頭。

於是他笑著說：「王經理，您是公司的大前輩，企劃方案這部分最有經驗了，您能不能幫我看看這份方案啊，指點一下小弟。」王經理聽了這話，哼了一聲，說：「我怎麼敢！你可是頂大畢業的，像我這種學歷的怎麼敢教你！」

小張聽了心裡很不是滋味，可一想到有求於人，只好繼續放低姿態：「王經理，學歷有什麼？經驗比學歷更重要多了，我剛出社會什麼都不懂，您就大人不計小人過，幫幫我吧！」說完還深深地向王經理鞠了一躬，王經理看到小張的態度如此誠懇，就用心指點了小張。

小張的故事告訴我們，學會適時地放下身段更容易獲得別人的幫助。正所謂人外有人，天外有天，這個世界上，我們搞不定的問題多的是，比我們厲害的也大有人在。當我們遇到難題，需要向別人求助時，就應該學會低頭。當然，我們在放低姿態時，也一定要拿捏分寸，否則一不小心就會變成諂媚。

具體來說，當我們在說軟話時，應該注意以下幾點：

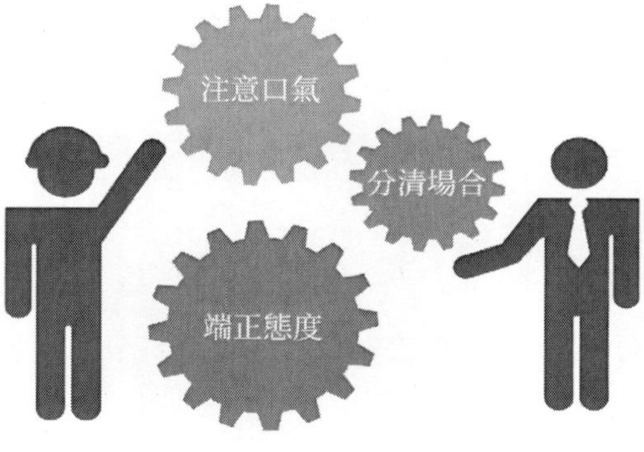

圖 6-1　說軟話時要注意的三點

◎分清場合

我們在低頭時一定要分清場合，不同的場合下，同樣一句話會帶來截然不同的效果。

例如，當某項工作我們確實無法勝任，需要其他人的幫助，而幫助我們的人又恰好能力很強、學歷不如我們時，通常會說：「您的能力強、資歷深，工作方面我有很多地方要請教您，希望您能多多指教。」其實，這句話本身並沒有沒有任何問題，但是如果不是在工作場合說，而是在娛樂或宴會的場合，就會讓對方認為我們是在挖苦他。

◎端正態度

對別人低頭並不是降低自己的身分，所以我們要端正自己的態度，不要認為自己低頭就是低人一等。

很多年輕人剛剛大學畢業進入職場後，一心想有所作為，仗著自己名校的光環，往往看不起那些學歷不如自己，但工作能力卻很強的人，認為向這些人請教就是降低自己的身分。

其實，我們大可不必這樣想，因為人外有人、天外有天，適時地放下身段也是一種人際溝通上的技巧，運用得當則受益匪淺。

◎注意口氣

同樣的話用不同的口氣說出來，會有截然不同的意思。人們對於他人的態度和口吻都十分敏感，所以，我們說話時一定要注意用適當的態度。比如，當我們需要向一個職位比我們低的人請求幫助時，我們會說：「可以麻煩你協助一下這件事嗎？」如果我們說這句話的口吻是高高在上的，對方就會覺得我們是在命令他，而不是在尋求協助。

不論是在生活中，還是在職場上，我們都要學會放下身段，該退讓時就退讓。而且，當我們在低頭時還要注意以上三大原則，切莫因為小小的疏忽而錯失良機！

換位思考，建立信任

我們常說「忠言逆耳」，「忠言」之所以會逆耳就是因為我們沒有站在對方的立場上考慮。只有設身處地站在對方的角度看問題，對方才會聽著舒服、順耳。

下面的這個案例就很能說明問題：

會議已經開到 11 點 50 分了，員工餐廳 12 點開門，而此刻許總來到了會議室。

主持人興高采烈地說：「哇，今天許總親臨會場，機會難得，請許總為我們說幾句好不好？」

此刻大家都紛紛鼓掌，儘管大家也是真心歡迎，覺得公司高層難得一見，也很願意聽上司講幾句，但畢竟午餐時間將近，多少有點怕耽誤到午休時間。

許總也是個體恤員工的人，他早就知道這個會議必須在 5 分鐘內搞定。所以，他的第一句話就是：「我早就想找個機會和大家聊一聊，所以我可是有一肚子的話想要跟大家說。但是現在已經快到午休時間了，物質糧食和精神糧食一樣重要，我不能耽誤大家吃飯，多餘的話我就不說了，五分鐘結束會議，讓大家趕快去吃飯，好不好？」

會議上，許總提了一個要求，就是讓在場的各部門經理做一份詳細的季度總結和一份可行的改善計畫。

雖然許總只是簡短說了幾句，但那一次的總結和企劃大家做得格外詳細。每個人都說，跟著這樣的上司工作都心甘情願。

案例裡的許總是真正站在了他人的立場上設想，所以，你一定要學會共情，站在對方的角度去考慮，才能發揮最好的效果。

在現實生活中，我們每個人所扮演的角色都不一樣，所以對事物的看法也不同。我們在跟進行溝通時，要站在對方的立場設想，為對方多考慮，體諒對方的處境和南處，多一些理解和關心。對方才會用同樣的態度和方式對待我們，關係也能變得更融洽。

再來看一個案例：

專門生產精密儀器的 A 工廠在生產一批新儀器時，把產品的部分零件外包給另一家 B 工廠製造，B 工廠將零件的一小部分樣品做好後交給 A 工廠驗收，驗收結果卻不合格。由於零件交付日期迫在眉睫，A 工廠只能要求 B 工廠盡快重做。但是 B 工廠負責人卻認為他們是完全按照 A 廠要求的規格製造的，拒絕重新製作。

A 工廠的總經理得知情況後，找到 B 工廠負責人說：「驗收不合格可能是我們這邊的圖紙出了問題，還讓你有損失，實在對不起。幸好是交給你們做，才發現了這麼大的問題。但是，這批儀器對我們很重要，要完成這筆訂單真的不能沒有你們的協助，這筆訂單如果完成了對我們雙方都是有利的。」B 工廠的廠長聽了這番話後，欣然答應重做這部分零件。

在日常生活中，每個人都需要他人的理解，都希望對方能站在自己的立場上為自己考慮。如果我們能站在對方的立場上思考，對方一定會十分通情達理。

所以，我們在溝通時，想要達到自己的目的或者說服別人，就要考慮到對方的觀點或行為是出於何種理由，也就是說要站在對方的立場上設想，這樣才能得到對方的信任。

當我們設身處地為對方著想，站在對方的立場上說話時，對方就能感覺到自己被重視、被認可，我們也能自然而然地獲得對方的青睞。

事實上，「站在對方的立場上考慮」這句話難就難在「發自內心」，只有發自內心為對方著想的時候，我們才能真正用對方的角度來看問題。所有擅長溝通、情商高的人都能夠做到這一點，在無數次溝通中不斷地累積經驗和教訓，最後才能有這樣的能力。同樣的，只要我們每次在溝通時，都願意站在他人的角度看問題，我們也一樣可以得到他人的信任。

坦誠最能打動人心

有時候，溝通的態度比說內容還要更重要，坦誠的態度才能打動人心。

與人溝通時，如果我們的態度夠坦誠、言詞夠得體，就能獲得對方的信任，即便我們沒有口若懸河、長篇大論，也一樣能達成溝通的目的。坦誠的言語能讓我們獲得他人的信賴，建立起良好的人際關係。

當我們遇到困難時，只要我們把自己的需求坦誠地告訴對方，並真誠地尋求幫助，對方一定會設法幫助我們。在幫助我們的同時，對方也能獲得助人為樂的滿足感。

其實，當我們試著說服別人或者請求別人時，不必絞盡腦汁地去想各種方法和說辭，只要坦誠地說清楚利害關係就行了。因為，在說服他人時，坦誠的態度才是最關鍵的，坦誠相待，才是贏得他人好感的關鍵。

有的人認為，太過坦誠會暴露自己的缺點，讓自己處於劣勢，而適當地「不坦誠」會更有利於自己達成目的。事實卻恰恰相反，坦誠反而會讓我們真正地獲得對方的認可，因為只有坦誠的話語，才能打動人心。

小劉是一家珠寶品牌的員工。這家公司的規模在全國是數一數二的，在各大百貨都有設專櫃。小劉的業績在公司一直都名列前茅，每年都獲得公司頒發的「最佳業績獎」。小劉是怎麼做到的呢？

他說：「我最大的祕訣就是 —— 坦誠。」我們印象中的推銷人員個個都舌燦蓮花，把商品誇得天上有地下無，但是小劉卻反其道而行之。

當客人光顧時，其他的同事首先都會誇讚自家品牌的鑽石飾品有多麼精美，價格多麼划算。但小劉卻不這樣推薦，他說：「這個鑽戒上的鑽很大，有 2 克拉，鑲嵌和切割都非常好看，要不是淨度稍微差一點，不然它的價格絕對會賣得更高。」

小劉還教客人對比鑽石的淨度，為他們講解鑽石鑑賞知識和鑽石切割工藝。一番交流下來，客人也對小劉十分信任，很快就買下了幾樣鑽石飾品。

小劉的成功告訴我們，坦誠雖然會主動暴露一些不足，但卻能贏得更多信任。只有用坦誠的態度與人交流，對方才會發自內心地認可我們。

人生在世，總免不了要有求於人，在向別人提出請求時，我們不需要為了迎合對方而刻意隱瞞自己。我們可以用委婉的語氣，把自己的真實想法坦誠地說出來，讓對方感受到我們的誠意，如果對方能幫我們，那麼他自然會接受我們的請求。

總之，若想達成我們的目的，就要懂得如何珍誠地表達，只有坦誠的話語，才能打動對方，當對方感受到我們的誠意時，自然就會向我們敞開心扉。若想以坦誠的態度溝通，應該做到以下幾點：

◎切忌「不懂裝懂」

子曰：「知之為知之，不知為不知，是知也。」這句話也告訴我們，不要「不懂裝懂」，這樣不僅無法掩蓋我們的無知，反而會暴露我們的膚淺。遇到不懂的事就坦白地說出來，並真誠地請教對方，這是一種很難得的修養。坦誠的態度比不懂裝懂更能表現出我們的誠懇和大氣，讓對方更加信賴我們。

◎切忌「拐彎抹角」

很多人在溝通時，尤其在向他人求助時喜歡繞圈子，習慣先鋪陳一大段後再表達自己的真實意圖。與其拐彎抹角，還不如開門見山、直奔主題。拐彎抹角地說話會讓人質疑我們的誠意。當我們開門見山地表達時，才會讓對方覺得我們誠懇坦率。

◎適當示弱，更容易達成目的

我們需要向別人尋求幫助，就代表我們仍有不足之處。所以，我們在求助他人時，適當地展現自己的不足，才是誠懇的表現。適當的示弱能讓對方感受到我們謙虛求教的態度。但是，在暴露自己的缺點時，一定要拿捏好分寸，因為過度的示弱會讓對方看輕我們，進而懷疑我們的能力。

總而言之，我們在溝通、與人交際時務必態度誠懇。有時候，誠懇比技巧更能打動人心。

千萬別說「你錯了」

「你錯了」應該是溝通中殺傷力最強的三個字。試想一下，當你做了某件事情，不僅沒有得到別人的誇讚，反而被別人直白地批評說：「你錯了！」此時，你會是什麼心情呢？答案很顯然，「你錯了」這三個字，一定會猶如千斤重擔讓你的心情糟糕到了極點。所以，「你錯了」三個字，具有巨大的殺傷力！

大多數人在遇到問題時往往都會武斷、固執、嫉妒、猜忌、恐懼和傲慢，不肯輕易承認自己的錯誤。雖然犯錯是難免的，但很多時候我們即使心知肚明，知道自己錯了，也會去強調一些外在的不可抗力因素，為自己開脫辯解。而這也是人們內心深處不肯認輸的心態在作祟，所以，基於這種心態，當我們對一個人說「你錯了」這句話時，勢必會撞上他的牛脾氣。

「你錯了」三個字說出來容易，但是一旦說出口就代表我們在跟對方的自尊心作對，且強調了自己好為人師的優越感，這樣的心態豈能不令人反感？所以，當對方確實說錯了話、做錯了事的時候，與其當面指責他說「你錯了」，還不如處世圓滑一些，從對事態最有利的角度出發，先尊重對方的意見，然後再婉轉地給一些提示，讓對方意識到自己犯的錯。

所以當發現別人犯錯或說錯話後，我們可以這樣做：

◎不要試圖證明對方錯了

不管我們用什麼方式說「你錯了」，其結果都是一樣的，對方都不會因為你指出了他的缺點就對你感激涕零。相反，他絕對不會給你好臉色。因為，你指出他的錯處與不足，就已經否定了他的智慧、判斷力和自尊心，只會激起他的反抗情緒，讓他更有想據理力爭的念頭。不管你用什麼方法證明對方錯了，這無疑都是對他的一種挑戰，不僅改變不了對方的觀點，甚至還有可能傷及你們之間的感情。

◎委婉地讓對方意識到自己錯了

即使對方真的錯了，甚至錯得很離譜，而你必須讓他承認做錯並改正時，也應該避免用「你錯了」這種太直接的言詞來指責對方。畢竟，想要輕易改變他人的觀點與意見並不是一件很容易的事。

此時，我們不妨運用一些技巧，不動聲色地使對方在一種毫不知情的情況下察覺到自己的錯處，並以此來提醒對方。

比如，有位畫家為了參加比賽花了三天時間創作了一幅作品，他認真構圖、修改和上色，極其用心。

這位畫家自認自己的作品已經到了神來一筆的地步了，於是十分得意地拿給妻子欣賞。但妻子一眼便看出，丈夫的作品不僅主題不夠鮮明之外，色彩運用上也不協調。但這位妻子是個聰明人，她並沒有像一般人那樣說：「你看看你，畫得這樣亂七八糟的，好像小朋友的塗鴉。」而是採用了一種更委婉的方式說：「如果這幅作品是掛在家裡我們自己欣賞的話，那是很不錯的。」雖然這位妻子沒有明確指出丈夫的畫作不適合參加比賽。但丈夫卻從中聽懂了其中的含義，於是他立即捨棄了那幅作品，並決定重新創作。

從這個案例中我們可以看出，在糾正他人的錯處時，我們不妨說話委婉一些，讓他人能主動意識到自己犯的錯，這才是有效幫助他人改正缺點的最佳方法。總之，若想與他人有更和諧的溝通與交流，我們就應當牢牢記住一句話：「學會尊重別人的意見，永遠別直接地說你錯了」。

用提醒代替指責

在日常的生活中，人人都不可避免地會犯錯。想讓別人主動認錯，絕非易事。想像一下，當你在工作中犯錯後，上司二話不說把你叫過去就是一頓訓斥，然後還毫不留情地貶低你，希望你立刻改正。你會有怎樣的心情呢？是憤恨不平呢？還是會迅速靜下心來反思自己呢？相信大多數人的第一反應都是前者。

我們必須承認，人的叛逆心理並不只在於青春期，可以說任何年齡層的人內心都有叛逆心理。尤其是當人們在面對直接的批評時，內心的自我保護意識就會明顯增強，並激起叛逆心理。於是我們便無法靜下心來去仔細思考並意識到自己犯了什麼錯，反而會埋怨批評者不講情面。

基於這種心態，我們在批評他人之前就應該多思考，並將直接批評變成委婉提醒。

事實上，批評他人也是一門藝術，其最終的目的就在於如何讓對方誠懇而虛心地接受建議。在批評他人時，如果我們直接指出對方的錯，並表達心中的不滿那麼很顯然，這樣的批評是無效的，只會讓問題變得越來越複雜，甚至還會讓對方抱著一種消極的態度敷衍了事地去對待後續的工作。此時，如果我們能更改成另一種方式，用提醒代替批評，就能產生到意想不到的效果，讓犯錯的人自行發現並改善。

舉個例子，當你直接對一個程式設計師提出批評，說：「你設計的遊戲軟體有 bug。」通常他的反應不外乎有兩種：第一，質疑你在遊戲過程中的操作有問題；第二，他會認為你自己不會正確使用。也就是說，面對直接了當的批評，大部分人都會在心裡自然而然地認為：那是你的問題，而不是我的。

但是，若我們能換個角度用一種委婉的方式去提醒他，比如：「你這個遊戲軟體在操作的過程中好像會卡卡的，你幫我看看，是不是我的操作方法錯了？」這種情況下，程式設計師的第一反應就會是：「是不是有 bug 呢？」此時，他就會主動去檢查實際情況。

你看，用提醒代替直接的批評，就能讓程式設計師主動去發現自己的錯。這樣的結果，豈不是皆大歡喜？

批評只是讓對方清楚意識到自己的錯處，而想辦法讓人改正才是我們的最終目的。比如，當你看到下屬在工作中稍稍有些鬆懈時，如果你馬上喝斥：「上班還摸魚，不想做了嗎？」此時，對方的 OS 一定是這樣的：「明知故問，我上班當然是在工作啊！」

假如我們試著轉換一種方式，用提醒代替責備，比如：「最近工作比較多，你們也要適當放鬆休息一下！」這樣溫和的提醒，不僅可以避免引起對方的反抗情緒，同時又間接提醒了對方。當下屬聽到這樣的話語時，就會很自然地想：「哎呀，可不能再放鬆下去了，不然進度就跟不上了！」

透過這樣一種提醒的方式，委婉地表達我們的建議，就能夠間接引導對方去思考和反省自己並加以改正。

直接批評在某些時候會營造出一種故意刁難的感覺。假如我們在一開始就怒氣沖沖、盛氣凌人地指責對方，那麼在這種衝動易怒的情緒下，對方又怎麼能夠心平氣和地接受我們的建言並承認犯錯呢？所以，指責他人之前，我們不妨先放下自己的壞脾氣，運用自己的智慧，以一種更行之有效的提醒方式去引導他人，避免直接批評帶來的激烈反應和負面效果。

把批評的話語說得含蓄與婉轉一些，這樣的方式更容易讓人接受。很多時候，我們只需要換個方式，用提醒代替批評，關切地問一句，就能夠主動地讓對方照著自己的意願去行動，同時還可以避免尷尬。兩全其美，何樂而不為呢？

巧妙轉移話題，優雅結束

胡小姐是某處室辦公室裡唯一的女生，她不僅個性活潑，人也非常聰明，和辦公室的同事們相處愉快。但有位男同事總喜歡和她聊一些關於私生活的話題。胡小姐已經多次旁敲側擊的提醒，但收效甚微。

於是，當那個男同事再次提起這類話題時，胡小姐便會立刻打斷他：「老陳，別顧著閒聊，你剛剛做好的資料存檔了沒，萬一等等突然網路斷線就糟了。」

「老陳，那個專案的進度你有沒有在跟啊？經理那邊催得很急。」

「老陳，我要的那份企劃你做好了沒，我只缺你這份資料了……」

這樣不停地轉移話題，幾次下來之後，老陳也明顯感覺到了胡小姐想迴避這類話題，於是慢慢地便改掉了這個壞習慣。

在日常的交際中，我們經常會遇到胡小姐這樣的情況。此時，如果我們不想接別人提起的話題，且又不好意思拒絕對方，最好的辦法就是像胡小姐一樣，透過巧妙地轉移話題去堵住對方的嘴。雖然，這樣打斷別人說話的方式看起來似乎給人一種不禮貌的感覺，但你也不必放在心上，畢竟是對方無禮在先。

岔開話題，實際上是一種很好的拒絕方法。有個女孩就使用這種方法巧妙地拒絕了男孩的示愛：

男孩和女孩是同班同學，每天朝夕相處地接觸，男孩逐漸喜歡上了女孩，而女孩也很明顯地感受到了對方的好感，可是這個男孩卻並不是女孩喜歡的類型。

男孩某天鼓起勇氣對女孩說：「我想問問妳，妳對我……」聽到男孩的提問，心知肚明的女孩立刻就打斷了男孩：「我對你之前借給我的那些書，很喜歡。」

男孩以為女孩不明白，又接著說：「嗯，其實我是想問妳……」話未說完，女孩又打斷對方：「我知道你是想問上次考試的成績吧，其實你考得比我好多啦。」男孩急了，緊接著說：「哦，那妳有沒有……」女孩又打斷了男孩的話，搶著回答：「有啊！我決定之後都去你推薦的那家 K 書中心，那裡環境確實很適合念書呢！」

直到此時，男孩才明白過來，原來這是女孩在故意拒絕自己呢。於是，他只好放下內心的愛慕之情，轉而和女孩討論起課業。雖然，男孩的心裡隱隱覺得有些惋惜，但同時他也感到慶幸。慶幸自己沒有將心意說出來，讓彼此都尷尬。

上面的案例告訴我們，轉移話題並堵住對方的嘴，讓對方有話說不出口的這種策略，是幫助我們避免直接拒絕對方導致尷尬狀況發生的一種最有效的方式。

當我們在採用轉移話題的策略時，聰明的人從我們的行為中，就能清楚地感受到拒絕的意圖。對於那些不能馬上明白或者不死心再三掙扎的，我們也不必說破，只要用不停打斷他的話、繼續自己話題的方式去分散對方的注意力，這樣三番兩次下來，對方自然就明白我們的態度了。

當然，在運用轉移話題的技巧時，我們也需要注意以下幾個重點：

◎一定要了解對方的心理狀態

所謂「未聞全言而盡知其意」，如果在對方開口時，我們就清楚對方所要表達的意思，那我們就可以使用此種方法。反之，對他人的想法不了解時，就不要輕易去打斷別人的話，以免造成尷尬的局面。

◎要順題立意

在運用轉移話題的方式來拒絕對方時，我們應盡可能地順著對方的話題來明確表達自己的觀點。即使中途需要換新話題，也應在對對方的觀點給予認可和讚賞的同時，再運用「不過、但是」等一些轉折詞來作為過渡，這樣才能避免雙方產生誤解。

◎要注意措辭方式

措辭是否恰當得體往往會直接影響我們溝通的效果。如果措辭得體，不僅有助於延伸對話內容，也能讓對方更容易接受你的觀點；但措辭不當，就會很容易引起對方的反感，讓談話隨時中斷。因此，我們在轉移話題時，一定要注意用詞，最好是選擇情緒中立的措辭。

◎要真誠和善

人與人之間的溝通來往，貴在真誠和友善。打斷他人的話來表示拒絕時，千萬不要顯得自以為是和心高氣傲，以免引起對方的憤怒和反感。

綜上所述，我們在打斷他人說話時，一定要注意時機。只要運用一些恰當而巧妙的溝通技巧，並在合適的時機把話題導回正軌，才能營造和氣的溝通氛圍。

第七章

17 個最尷尬的社交場面，教你秒救場

在日常生活或某些社交場合中，常常會出現意想不到的困境，造成尷尬或冷場，讓當事人無法下臺。面對這些突如其來的緊急情況，我們既不能退縮迴避，又不能視而不見聽而不聞，而應該巧妙地藉助溝通技巧來隨機應變。

朋友借錢，怎麼應對不傷感情？

「你手頭方便嗎？我想找你借點錢應急。」、「我買房子頭期款還差 10 萬，你那裡能不能先借給我應急一下。」、「我一衝動就刷卡換了一支新 iPhone，錢都拿去繳卡費了了，這個月你能不能先借點錢給我，我下個月發薪水了就還給你。」

上面這些借錢的理由，想來大家都很熟悉。在生活中遇到朋友借錢，應該算是一個終極難題。莎士比亞在《哈姆雷特》(*Hamlet*) 中寫道：「不要向別人借錢，向別人借錢將使你丟棄節儉的習慣。更不要借錢給別人，你不僅可能失去本金，也可能失去朋友。」也就是說，朋友之間，最忌諱的就是借錢。

朋友向我們借錢後，按時歸還倒沒事，就怕借了不還，鬧到最後連朋友都做不成。借錢的時候很乾脆，但討錢的時候就痛苦了，早知道會這麼痛苦，當初朋友來借錢的時候為什麼不拒絕呢？而拒絕是需要技巧的，那麼，我們應該怎樣拒絕才能既不傷害彼此之間的友誼，又能達成目的呢？

我們先來看一個案例，相信答案就在其中。

小剛和妻子幾年前由於公司景氣不好，雙雙被裁員在家待業，隨後向銀行貸款自己開了一家小超市，夫妻兩人起早貪黑把小超市經營得有聲有色，經濟條件也逐漸改善，生活過得有滋有味。

小剛有一個老朋友叫阿強，整天遊手好閒也不去找一份工作。有一天，阿強來到小剛的超市，發現生意還不錯，心想：前幾天打牌輸了不少錢，正好手邊沒有閒錢可以翻回本，看老朋友過得挺不錯的，要不先找他周轉一下？

於是，阿強就對小剛說：「我準備買一輛機車，但能挪用的錢不夠，想找你借 20,000 周轉一下，很快就能還給你。」小剛知道阿強整天遊手好閒，又愛打牌，如果把錢借給他肯定有去無回，何況超市經營也需要用到錢。

小剛就對阿強說：「嗯，這陣子比較沒辦法，我還有銀行貸款要還，你也知道，銀行貸款不是小數目。」聽小剛這樣說，阿強也就知道借錢沒戲了。

上面案例中的小剛就為我們做了很好的示範。很多時候，當我們採用委婉的語言婉轉、含蓄地拒絕借錢的要求時，對方會更容易接受。

除了直接提出借錢的要求外，生活中還有一些想借錢的朋友，因為種種原因所以不好意思直接開口，而總是喜歡旁敲側擊，用暗示的方式借錢。這種情況下，我們最好的回絕方式也是用暗示的。實際的做法，不妨參考下面的案例。

陳昊大學畢業後留在北部工作，有一次兩個遠房的親戚來訪，陳昊請他們到家裡吃飯，過程中兩位親戚一直向陳昊訴說在外地工作的艱辛，抱怨北部物價貴，房租都快付不起了，言外之意是想向陳昊借點錢。

陳昊聽懂兩位親戚的暗示後，就說道：「對啊，北部的物價確實很高，房子也是寸土寸金。就像我，薪水就這麼一點，每個月還要繳銀行貸款，小小的兩房一廳，想多點空間都沒辦法，一家四口都快住不下了，我兒子這兩天晚上還都只能在客廳打地鋪。本來你們過來是想留你們好好住幾天的，現在我也無能為力啊！」兩位親戚聽陳昊這樣說，吃完飯後就識相地告辭了。

案例中，陳昊向親戚訴說兒子沒有房間睡，只能在客廳打地鋪就是向親戚暗示自己的經濟也不寬裕，並委婉地表示自己幫不上忙。

對大多數人來說，拒絕朋友借錢的請求是一件既尷尬又為難的事，尷尬的是怕拒絕的話說出口時會讓氣氛尷尬，為難的是不知道該如何開口拒絕，以及怎麼向朋友說出自己的難處，讓對方知難而退。

其實，當朋友向我們借錢的時候，我們可以用一些藉口來推脫朋友的要求，或者說以後再借給他。比如：「哎呀，你要是早幾天開口就好了，上個星期我剛剛把錢借給表姐了，現在手裡也沒有多少存款了」、「你也知道我在家無法作主，錢都在我老婆那裡，我回去跟她商量商量再答覆你。」當我們這樣說的時候，識相的朋友往往就能明白我們的意思了。

而對於不拘小節的人，我們也可以用比較幽默的話來表達自己的意思。比如：「你想找我借錢？我才想找你借呢，看來我連問都不用問啦。」或者說「我最近覺得臉上蠻乾淨的，後來才知道錢包比臉更乾淨。」

不過，需要注意的是，不管我們用什麼方式拒絕朋友借錢的要求，都不能傷到朋友的自尊心。有時候，那些因為錢與我們疏遠的朋友，其實並不是因為我們拒絕了他，而是因為我們拒絕他的方式傷到他的自尊心。雖然不能因為顧及交情就來者不拒，但是我們可以用委婉、暗示、幽默等方式盡量避免傷害朋友的自尊心。

面試時，薪資怎麼談不吃虧？

許多人認為在面試時談薪資是一個敏感的話題。怕自己的標準說太高了，失去錄取的機會；又怕自己說低了，薪資與期望不符，也自貶身價。因此，許多人都會有這樣的想法：想和在面試時談薪資，但是又不知道怎麼談，如果不談薪資，又怕最終定下的待遇無法達到自己的預期。

事實上，大多數的大企業都有十分健全的員工福利制度，既然在面試時面試官已經和你談到了待遇問題，就證明公司已經認可了你的能力，此時你應該大膽地提出自己的要求。當然，在提出要求的時候也要注重溝通技巧。到底應該怎麼說呢？我們不妨來看看下面這個案例。

某家網路公司開出行銷企劃的職缺一名，前來應徵的人非常多，經過幾輪篩選後，有 5 名應徵者進入了最後的面試階段。此時公司的人資分別問幾位面試者：「你預期的薪水是多少？」許多應徵者都直接報出了自己理想的薪資，只有小唐沒有直接回答出具體的數字。

小唐是這樣回答的：「相信貴公司都有自己的薪資制度，而我希望得到一個比較合理的待遇。從學歷上來說，我是研究所畢業，高於貴公司大學學歷的要求；從專業上來說，我是市場行銷本科系的，完全符合公司要求；從能力上來說，我大學期間一直擔任學生會幹部，有非常強的管理和領導能力。如果有機會加入貴公司，一定會為公司帶來不錯的效益，而我希望能得到對等的回報。」

人資聽完小唐的話後，笑著說：「這是一定的，如果你是我們需要的人才，那麼待遇方面可以根據你的能力適當地調整。」

當人資問我們預期薪資的時候，其實就已經有意錄取我們，所以在回答待遇問題的時候一定要謹慎，以免前功盡棄。

案例中小唐的回答就完美避開了地雷，把待遇問題轉移到了個人能力、專業、學歷的問題上，並讓人資認為他值得擁有較高的待遇。

從這個案例中我們可以看出，在面試時談薪資，也是需要一些溝通技巧的。以下幾點供參考：

◎先了解資方可以提供的薪資幅度

這裡的關鍵之處就在於，我們一定要善於發問，在發問中，讓對方多講解自己需要了解的信息。比如，當 HR 問我們：「你還有什麼想問的嗎？」我們就可以這樣問：「像你們這樣的大公司都會有自己的薪酬系統吧，請問可以為我簡單講解一下嗎？」

一般情況下，HR 會簡單介紹幾句，如果你想知道得更詳細，還可以問：「不知道貴公司在同行業中薪酬水平是怎樣的？除了薪資以外，還有其他的獎金和福利嗎？透過試用期後，薪資的漲幅是怎樣的？」我們可以從 HR 的回答中得到自己想要的信息，然後對照市場行情心裡就有數了。

◎根據原有的薪資幅度，提出自己的期望薪資

如果我們依舊不能準確地掌握自己理想的薪資，也可以把這個問題丟給人資，比如我們可以這樣問：「我想請教您，以我的學歷、經驗以及您在面試中對我的了解，我的薪資在貴公司目前的薪資體系中大概能達到哪種水準？」此時，對方就會向你透露你的待遇水準。

假如我們不滿意目前公司開出的薪水，就可以根據原有的薪資來提出自己期望的待遇。我們可以在面試時嘗試用協商的方式為自己爭取。比如：「其實，我一直認為工作開心是最重要的，薪資是次要的，不過我在上一家公司的薪酬是 40,000 元，這次我希望自己能有所進步，如果可以的話，我希望在薪資方面提高一些。」

然後，我們要注意人資的口氣是否有鬆動的可能，如果有，就可以舉出我們要求高薪資的理由，如果沒有，就可以婉轉地爭取縮短試用期。比如說：「我對自己的能力很有信心，您看可不可以直接拿正職的薪資，或者是把試用期縮短為 1 個月？」

談待遇的關鍵就在於我們是否充分展示了自己的能力，如果我們在面試時讓公司認可了我們的能力，那麼通常只要薪資要求不是高得太離譜，大部分都會成功的。總而言之，薪資的多寡是靠自己爭取的，我們除了在面試前多了解這個職缺之外，還要掌握一些溝通協商的技巧，這樣我們在面試時才不會因為談待遇而失去機會。

如何優雅地下逐客令？

子曰：「有朋自遠方來，不亦樂乎？」儘管朋友來訪讓我們心情愉悅，但是我們不見得隨時都有心情來接待朋友。現代人的生活節奏都很快，下班回家後只想輕鬆地看看電視、打打遊戲，或者早點睡。如果此時偏偏有人來拜訪，我們就不得不打起精神來應付，陪他聊我們不感興趣的話題，即便心中厭煩，想下逐客令，也不知道怎麼開口。

阿強就經常為這件事頭痛。當他每天拖著疲憊的身軀想回家好好休息時，隔壁的鄰居小王就會準時來他家聊天。

這一天，阿強剛進家門沒多久，小王就來敲門了。他一進門就自顧自開始聊天：「今天真倒楣，下班的時候又塞車了，在路上卡了一個小時。本來還想早點回家的。」

「哦，是嗎？那確實塞得蠻嚴重的。」累了一天的阿強連晚餐都沒吃，卻不得不打起精神應付小王。

「你知道今天早上我們社區門口出車禍了嗎？」小王絲毫沒有看出阿強的勉強，依然興致勃勃。

「哦，我不知道。」阿強實在沒精神聊天。

「一輛大貨車煞車失靈，把一輛小汽車給撞了，小汽車的車主就住我們社區，聽說受重傷，都住進加護病房了……」針對這起事故，小王滔滔不絕地說了半個小時，阿強卻已經受不了了。

「小王，我還沒吃晚餐呢，我現在要去煮飯了。」阿強打斷小王的話，想藉機下逐客令。因為。一般人聽到對方這麼說就會告辭離開了

但小王他不是普通人，他說：「我也還沒吃呢，沒關係，你

先做，等等我們一起吃。」小王留在阿強家裡吃完了晚餐還不肯走，依然拉著阿強繼續聊天。此時的阿強已經睏倦不堪，他真希望小王能趕快離開，卻不好意思開口趕他走。

我們每個人在生活中都遇過和阿強一樣的難題。休息時間被不速之客打擾，卻不知道怎樣拒絕，對方對我們的暗示也視而不見，我們又不能直接趕走對方。

遇到這種情況，就需要考驗我們的溝通技巧了！怎樣才能用高超的溝通技巧讓對方領會我們的意思？怎麼下逐客令才最得體又不傷感情呢？要解決這些問題，我們需要掌握以下四種技巧：

◎委婉提醒對方

為了不傷雙方和氣，我們最好不要把話說太白，應該用更委婉的方式，暗示對方他打擾到我們了，我們不希望他在這個時間來訪。

例如：「我今天真的太累了，整個人頭昏腦脹，一坐下就想睡覺，要是我等一下真的睡著了，你要記得把我叫醒哦！」這樣說，我們表面上是在向對方表達歉意，但實際上卻是在告訴對方：你已經打擾到我休息了！

◎轉移客人的注意力

有些客人喜歡找人聊天，其實大多數時候，他們是覺得無聊才找我們打發時間。如果我們能找到一些有意思的事來轉移對方的注意力，引起他的興趣，那他就沒有空閒時間來打擾我們了。

學會委婉地下逐客令，也是一個非常重要的溝通技巧。如果我們能確實掌握，就可以輕鬆應對占用我們休息時間的「不速之客」，既能保持清靜，又不傷對方自尊，還自己一份自在。

有異議怎麼說才不傷和氣？

當一個人想要表達自己不同的意見時，總是希望能獲得別人的認可，但如果我們在溝通的過程中沒有掌握一些技巧，就很難達到我們預期的效果。

在日常交流中，我們總會有與別人意見不同的時候。但如果我們用了錯誤的表達方法，就會讓彼此陷入尷尬的境地。可以說，巧妙地表達出自己不同的意見，是我們必須要學習的溝通能力。

下面案例中的工程師在表達自己不同意見時就做得很好。

有一次，公司的總經理在會議上因為專案出了問題而大發雷霆，參加會議的主管們看到上司發脾氣都不敢說話。

此時公司的一位工程師卻站了起來對總經理說：「我非常理解您不滿的原因，我以前也對這個專案有類似的感受。後來我發現主要的問題在於……」

等這位工程師說完之後，總經理的態度明顯緩和了許多，他先沉默了一下，然後對主管們說：「既然問題已經釐清了，你們就按照他的意見去做吧。」主管們看著這位工程師，紛紛露出了敬佩之意。

這位工程師懂得巧妙地表達出自己的不同意見，並引導對方認同自己的意見。其實，在溝通中如何表達出自己不同的意見是有講究、有技巧的，以下幾種方法可供大家參考：

◎和對方說話時用商量的口吻

我們在堅持自己意見的時候，也要顧及對方的面子，如果我們用商量的口吻與對方交談，那麼對方就算沒有立刻同意我們的意見，也會認真思考我們的觀點。因為你尊重別人的同時，別人也會尊重你。

◎和對方說話時用分析的方式

在對話時我們可以先肯定對方的觀點，然後再說出自己不同的意見，在表達同時也要說清楚原因。這樣即便對方仍然否定了我們的意見，也不至於讓對話的氣氛過於難堪。

◎參考對方的觀點引出自己不同的意見

我們可以從對方的觀點中找到漏洞，然後再引出自己的看法。不過前提是這些漏洞一定要根據事實來客觀討論，而不能為了反駁而隨意捏造。

◎援引同類型例子支持自己的觀點

當我們想表達自己不同的意見時，其實我們可以引用一些曾經發生過的、類似的案例來支持我們的意見，也就是用事實說話，這樣比直接表達更容易讓對方接受，也更有說服力。

◎適時表現出為難的樣子

如果我們在交流的過程中與對方產生很大的意見分歧，那麼我們可以在表達自己的意見之前，適時表現出猶豫、遲疑、為難的樣子，這樣對方可能會讓你說出自己的意見，因為表現出為難的樣子，其實也是一種退讓的表現。

跳脫「兩難」提問的陷阱

有一個問題相信大家都聽過：

女朋友問男朋友：「假如有一天，我和你媽媽同時掉到水裡了，你會先救誰？」這個問題大家都不陌生吧，可以說不管我們怎樣回答，都很難讓對方滿意。

第一種答案：「我先救你。」女朋友聽了心裡開心極了，可事後也會想：你連你自己的媽媽都不救，那你的品性還能好到哪？說不定以後也會拋棄我的。

第二種答案：「我先救我媽。」女朋友聽了很是生氣，說：

「那你就去找你媽吧，也別跟我在一起了，反正我淹死你也不在意。」於是轉身離開。

這就是典型的兩難問題。其實關於這種兩難問題，不管我們怎樣回答都可能會有麻煩。因為問這種問題的人是別有用心的，他們希望透過答案能讀懂我們的言外之意，所以我們在面對兩難問題時務必謹慎。

如果想要跳出「兩難」問題的圈套，不妨試試以下幾種方法：

◎裝糊塗

其實在兩難問題中隱藏著某種錯誤的假定問語，這種假定問語在心理學上被稱為「定錨效果」(Anchoring Effect)，因此，無論我們的答案是肯定或否定，都會落入提問者的圈套。在回答這類問題時，我們不如乾脆裝糊塗。

有一次，華盛頓的馬被鄰居偷走了。報警後，華盛頓和警察在鄰居家的農場裡找到了他的馬，可是鄰居一口咬定馬是自己的，不是華盛頓的，怎樣都不肯歸還。

這時，華盛頓用手捂住了馬的雙眼，問鄰居：「你說馬是你的，那你說說牠哪隻眼睛是瞎的？」鄰居回答道：「是右眼。」華盛頓把遮住右眼的手拿開，馬的右眼好好的呢。鄰居狡辯道：「我剛才說錯了，是左眼。」華盛頓把遮住左眼的手也拿開了，馬的左眼也明亮得很。鄰居又為自己辯解說：「哎呀，我又錯了。」

此時，警察義正詞嚴地說:「夠了，這匹馬根本就不是你的！華盛頓，把你的馬牽回去吧。」

為什麼鄰居回答了問題依舊被識破？這是因為華盛頓利用了兩難問題中的「定錨效果」，讓對方先認定馬的眼睛確實是有問題的，所以對方只會不停地猜是哪隻眼睛瞎了，而不會想到馬根本沒瞎。

因此，如果想要跳出「兩難」問題的圈套，最好是假裝不明白對方的意思，或是不回答。

◎迴避正題

當我們在面對「兩難」問題時，可以採用迴避正題的方式來解決，透過模糊回答來巧妙地避開問題中帶有確指性的內容。這種方式可以使自己既不掉入對方的「圈套」，又不會讓對方覺得你是在拒絕他。

◎自嘲圓場

有時候，我們也可以用自嘲圓場的方式來解決兩難問題。比如：

有一位老爺爺特別愛下棋，但是個性很愛面子。有一次，他與另外一個鄰居對弈，結果連輸了三場。有人問他：「今天勝敗如何？」

他回答：「第一場他沒輸；第二場我沒贏；第三場本來是和局的，但是他又不同意。」

這樣聽來，好像他一場都沒有輸，第一場對方沒輸，也不等於他輸了，因為還有和局；第二場，他沒贏，但是也不代表輸了，因為還有和局；第三場本就是和局，只是對方沒同意而已。

◎迂迴戰術

如果提出兩難問題的人是一些不能得罪的人，那麼我們就不要急著正面回應，而是要採用迂迴戰術，避免和對方發生衝突，以免得罪對方。

◎用類似問題反擊

當我們面對兩難問題時，也不一定要絞盡腦汁去想該怎樣回答，而是可以用相似的問題來反問對方，也就是我們通常所說的「以其人之道，還治其人之身」。

◎巧用對比

當我們覺得兩難問題怎麼回答都不妥的時候，還可以巧妙地用對比的方法來跳出問題的框架。拿來對比的例子最好是選大家比較熟悉的，如果同時還能表達自己的觀點和態度那就更貼切了。

總之，掌握了以上的溝通技巧，再難的「兩難」問題也可以完美解決！

失言了，該怎麼解圍？

生活中難免有觸及對方忌諱、令自己尷尬的失言情況。若是在大庭廣眾之下，失言或多或少會帶來一些負面的影響，讓自己陷入尷尬的境地。因此我們若不小心失言，要想辦法把話圓回來。那麼失言之後，怎樣才能擺脫尷尬呢？這就需要我們擁有超強的溝通技巧和臨機應變能力。

若是失言，為了及時挽救，可以參考下面的糾錯與偽裝方法。

◎就地取材

如果我們在特定的環境下做錯事或是說錯話，不妨順著特定的話題就地取材，利用當時環境中一切可以利用的事物，盡可能地挽救自己的失誤，然後往好的方面來解釋。

比如，某地有這樣一個習俗：如果家裡來了客人，一定要煮蛋給對方吃，以示尊敬。有一天，外地的舅舅來家裡做客，正巧外甥女也在家，她主動要求為舅舅煮蛋。誰知，外甥女把蛋端上桌後，舅舅卻遲遲不肯吃，媽媽覺得很奇怪，一看才發現舅舅碗裡的雞蛋是 6 顆，這可是當地人的大忌，6 個蛋諧音「祿斷」。

媽媽生氣地對女兒說：「你難道不知道 6 顆蛋是什麼意思嗎？」

女兒一下子就明白了，可是蛋已經端給舅舅了，該怎麼辦呢？只一會，女兒便從容不迫地說：「在我看來，雞蛋不僅圓圓的，而且裡面都是滿滿的紅心白肉，6 顆雞蛋正好代表舅舅圓滿度過了 60 個春夏秋冬，這是多有福氣的事呀，加上數字 6，那就是有福有祿。」

說完又從自己碗裡挑了一顆蛋給舅舅，接著說：「來，這個加在一起就是 7 顆蛋了，我預祝舅舅健康平安進入 70 歲，等舅舅 70 大壽的時候，我再煮蛋給舅舅吃，祝舅舅長壽安康！」

等外甥女說完，舅舅早已眉開眼笑，氣氛瞬間又和樂起來。

◎轉移目標岔開話題

如果我們只是在一些細枝末節上失言，那麼不妨轉移目標岔開話題，這樣既可以轉移對方的注意力，又可以為自己圓場，不至於太尷尬；如果對方察覺到我們失言，而問題又無傷大雅，只要向對方稍作解釋即可；如果是較嚴重的失言，對方明顯表示不愉快時，我們就要立刻著手解決，否則拖得越久越難處理。

◎將錯就錯

若我們失言後不便於及時糾正，不妨將錯就錯，把對方引入一下個話題，讓自己擺脫尷尬。

例如：有一個老朋友到王剛家聊天，他們兩人聊得非常開心，不知不覺聊到了晚餐時間。這時，王剛五歲的兒子跑過來對著他說悄悄話，聊得正開心的王剛被兒子突然打斷了，有些不耐煩，就對兒子說：「沒看到大人在說話嗎？有什麼話快說。」

兒子聽到王剛的訓斥後，只好大聲說道：「媽媽說家裡沒菜，不要留客人吃飯。」兒子說完後，王剛和朋友都愣住了，這麼尷尬，該怎麼辦呢？

王剛突然靈光乍現，在兒子的小腦袋上輕輕地敲了一下，說：「小笨蛋，爸爸不是跟你說過嗎，只有那個喜歡打牌、吹牛的舅舅來家裡，你才要出來說這句話呀，今天搞錯了吧。」

以上就是失言後擺脫尷尬的妙方，你學會了嗎？

面對挑釁，怎麼回才不掉價？

「一人難稱百人心，豈能都盡如人意」，我們不可能得到所有人的認同，總有人會不贊同我們的意見和看法。如果有人在大庭廣眾之下挑釁我們，並出言不遜使我們難堪，此時我們應該怎樣做呢？是據理力爭？是暴跳如雷？還是沉默不語？或許，英國現實主義劇作家蕭伯納的故事可以給我們一些啟示。

蕭伯納歷時一年半，終於在西元 1892 年完成了劇本《芭芭拉少校》（*Major Barbara*）的創作。這一天，該劇在英國國家劇院進行第一次公演，到場的都是社會各界名流。

《芭芭拉少校》是一部以救世軍為題材的喜劇，反映了當時貧富不均、勞資衝突等各種尖銳的社會問題，在整個演出的過程中觀眾掌聲和歡呼聲不斷，許多觀眾甚至還笑出了眼淚，首演大獲成功。

蕭伯納在閉幕後應觀眾的要求上臺接受大家的感謝和祝賀，市長代表觀眾為蕭伯納獻上鮮花，許多觀眾都上臺與蕭伯納擁抱並祝賀演出成功。突然，有一位民眾上臺對蕭伯納挑釁地說：「你也不要高興得太早了，這個劇本真是糟糕透了，誰會願意看？真是讓我大倒胃口，拜託不要演第二場了……」

面對突如其來的挑釁，所有人都大吃一驚，也為蕭伯納捏一把冷汗，以為蕭伯納會生氣地反擊，可是蕭伯納愣了一下後就微笑地對那個人說：「朋友，你好！沒想到我們的想法竟不謀而合，我對這個劇本的看法和你是一樣的，可是只有我們兩個人反對又有什麼用呢？」蕭伯納指著所有的觀眾說：「你瞧，他們都不同意我們的看法呢！」

「這……你……」那個人竟一時無話可說，只好紅著臉灰溜溜地離開了。

現場的觀眾都被蕭伯納機智的應答所折服，臺下響起了更熱烈的掌聲。

從蕭伯納的故事中，我們可以得到這樣的啟示：當我們遇到別人不懷好意的挑釁時，最好保持平常心，然後舉重若輕地巧妙回擊。

在現實生活中，我們可能會遭遇別人有意無意的奚落、挖苦、譏諷或責難等，而這一切都會令我們感到人格受辱、內心刺痛、渾身不自在。當碰到這種令人不悅的挑釁後，我們的處理方式往往有兩種：一是消極地抵禦，要麼因為羞愧而無言以對，要麼採取誇張的方式進行反擊；二是積極地應對，努力控制自己的情緒，保持思緒冷靜，以平穩的心態、急中生智的幽默、隨機應變的思維來巧妙回擊。

當我們採取第一種應對方式時，往往會助長對方的氣焰，讓他們認為我們軟弱可欺，反而得寸進尺，變本加厲地傷害我們。當我們因為這種傷害而爆發時，挑釁者不但不會反省自己，反而會怪我們太敏感，開不起玩笑。

而當我們採取第二種積極的應對方法時，就可以巧妙地運用語言的藝術和說話的技巧，有力地回擊挑釁者，並贏得對方的尊重。

顯然，第二種積極的應對方法更勝一籌。

小敏大學畢業後進入一家公司，她對工作很滿意，因此積極認真，也很受主管重用。但是唯一讓她不滿意的是，公司有一位老員工總是對她橫挑鼻子豎挑眼，小敏最初抱著「多一事不如少一事」的態度，都笑笑過去了。但那人不但不收斂，反而變本加厲。於是小敏開始正面反擊。

剛一走進辦公室，那人就說：「小敏，妳這個粉底有種廉價感，是不是買便宜貨啊！」

小敏立刻回嘴說：「對啊，每天上班都要看到你，不值得我用太貴的。」

小敏列印文件時，列印機卡紙，那人就說：「這麼簡單的事都做不好，看來還是需要我教。」

小敏就說：「不用了吧，昨天你不是被主管唸了半天，你也沒好到哪去。」

見到主管稱讚小敏，那人就酸溜溜地說：「哇，看看小敏，這麼討主管歡心，馬上就要升遷囉！」

小敏就毫不客氣地說：「您不也很努力討好主管，怎麼就沒看到你升遷呢？」

幾次交鋒之後，那人終於在小敏面前閉嘴。

在日常交流中，總有人喜歡故意挑起事端，故意讓我們陷入尷尬的境地，這樣的人絕不是無新的，而是故意為之。所以與其憎恨，不如用幽默進行反擊。

初次見面尷尬，怎麼打破僵局？

生活中，我們偶爾會需要與陌生人交談。在許多人看來，與初次見面的人聊天是一件尷尬的事情，往往不知道如何開口。但只要掌握了一定的溝通技巧，即便是初次見面，也能應對自如。

當我們與對方初次見面時，第一件事就是要尋找話題。只要把話題選好了，就能順利進行對話。一般來說，一個話題至少應該要其中一方熟悉才能談；如果雙方都感興趣才愛談；如果有展開交流的機會才好談。

那麼，面對初次見面的人，我們究竟應該怎麼說話，才能避免尷尬呢？下面幾招，或許可以幫到你。

◎交流時，多提及對方熟悉的事物

通常熟悉的事物能引起人們的共鳴和親近感，因此當我們與初次見面的人聊天時，應該根據對方的背景多提及其熟悉的事物，這樣才能更順利地推進交談。反之，如果我們談論的話題對方不熟悉，只會讓對方失去與我們交流的意願。

◎記住對方說過的話

在與他人交流時，一定要記住對方說過的話，以便不時之需，這也是對對方表示關注的做法之一。特別是當對方談論到自己的興趣愛好和夢想時，一定要仔細留意，因為他們來說這些都是最重要、最有趣的事。

◎用投石問路的方法交流

過河時，可以丟幾塊小石頭用來探知河水的深淺，這樣才能更有把握地過河。同樣的道理，當我們初次與人交流時，最好先用一些試探性的問題去詢問對方，並透過對方的回答去了解對方。這樣可以讓我們與對方的交流更順暢。

比如，在聚餐時，我們可以這樣問鄰座的人：「你和 XX 是同學還是同事呀？」不管對方回答哪個答案，我們都可以順著對方的話聊下去。

◎多提一些「無法簡短回應的問題」

我們在與人交談時，最好向對方多提一些「無法簡短回應的問題」，也就是開放性問題。例如，我們可以問對方：「你最近都在忙什麼呢？」而不是問：「你是做哪一行的？」相較起來，前一個問題回答的範圍會比較廣泛，可以讓對方透露更多的資訊，而後者往往一個詞就搞定了。

◎學會「追加問題」

在交談時，假如我們真的問了「睹短短一句話就可以回答的問題」，那麼我們最好在這個基礎上再追加與其相關的延伸問題，引導對方交流。比如我們問了：「你是做哪一行的？」那麼此時當對方回答後，我們就可以向對方追問：「聽說最近發生的某某事，對你們產業有影響嗎？」等。

◎詢問「旨在了解對方」的問題

當我們在與初次見面的人聊天時，可以多詢問一些「旨在了解對方」的問題。比如「你平時喜歡關注哪些 KOL ？」、「你喜歡什麼類型的電影？」、「下班後你最喜歡做什麼？」等。這類型的問題可以激起對方隱藏的熱情，引出更多的話題，不至於冷場。

◎巧妙地即興引入

在初次見面聊天時，我們可以巧妙地借用對方的背景作為話題，比如年齡、職業和興趣等。把這些資訊隨機加入到對話中，引起對方交談的意願，以此達到交流的目的。

◎善於借用媒介

當我們與初次見面的人真的無話可談時，還可以利用自己和對方之間的某個媒介物來引出話題，這樣就可以迅速地找到彼此之間的共同語言，打破尷尬，繼續交流。比如，當你看到對方手中的某一件東西時，我們可以這樣說：「咦，這不是……這麼難買的東西，你是怎麼買到的？我一直想買好久了！」

◎適時真誠地讚美對方

每個人都希望得到他人的讚美和肯定，因此，我們在與人初次交談時，可以試著找機會適時地讚美對方，這樣就可以迅速地拉近彼此之間的距離，使交談更順暢。不過切記讚美一定要發自內心，一定要真誠，而不能是虛假的、浮誇的。

總而言之，只要掌握了一定的溝通技巧並找好了話題，即便是與人初次見面，我們也可以順利打開話匣子，破解尷尬局面。

時間緊迫，怎麼爭取對方聽你說完？

在生活中，我們經常會遇到這樣的情況：對方正在氣頭上，不給我們解釋的機會；業務要向客戶推薦產品，客戶卻沒有時間聽；我們有新想法要向主管報告，主管的時間卻有限。在這樣時間有限或者對方不聽勸的情況下，我們要怎樣才能為自己贏得時間和機會，讓對方願意聽我們說話呢？

「長話短說」的方法可行嗎？既然時間有限，我們就一口氣把自己要說的話全倒出來，對方聽進多少就是另外一回事了。所以如果我們要達成目的，「長話短說」的方法肯定行不通。因為說話的目的是溝通，而溝通是有來有往的。我們一個人顧著自說自話，對方卻壓根沒有聽或者沒有理解我們的意思，那我們所說的就是廢話，還會讓對方留下浮躁不穩重的印象。

在交談時，我們要懂得為自己爭取時間，讓對方願意認真傾聽我們所說的話。當然，爭取時間也是有技巧的，當對方沒有時間或者不願意給我們時間機會時，我們先別忙著考慮要說的內容，而是要先思考：如何讓對方願意聽我們說話？換句話說，就是要先為自己爭取時間，對方先同意給我們時間後，我們才有機會說出要說的話。

下面為大家提供一種爭取說話時間的實用方法：

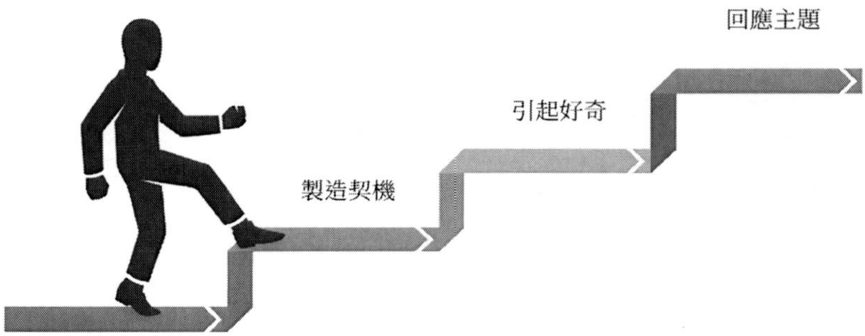

圖 7-1　說話時為自己贏得時間的三個步驟

◎第一步：製造契機

製造契機來打斷對方，能為我們贏得片刻的時間。比如在交談時，我們可以這樣說：「請您給我一分鐘的時間！」、「關於這件事，請您務必要了解一下。」

◎第二步：引起好奇

有了契機以後，第二步我們可以用反問的方式來挑起對方的好奇心。比如，「您不想知道這件事的詳情嗎？」

◎第三步：回應主題

接著我們要做的第三步就是進入正題，說出我們想要表達的內容。此時，因為對方的注意力已經被我們吸引了，所以我們說話的內容就很容易被對方接收到。

下面讓我們來看看這三個步驟在實際情境中是怎樣應用的。

小王到一家公司面試，面試官讓他在一分鐘內展現出個人魅力。一分鐘的時間實在太短了，能展示出什麼魅力呢？連唱首歌、講個笑話都不夠。

我們可以看出，面試官出這樣的題是為了考驗小王臨機應變的能力。小王要想辦法在有限的時間內創造條件來展現自己的魅力。

小王想了想，不慌不忙地說：「用一分鐘展示自己時間太短，而且我在工作中也不是一個具有突出魅力的人，平常的存在感也不高。但是周遭的朋友都很喜歡和我相處，覺得我很穩重可靠，跟我在一起很安心。我也不知道這是為什麼？也許這也是一種魅力吧！關於這點，我可以跟您分享幾個親身經歷嗎？」

在這個案例中，面試者小王就巧妙地運用了上面提到的爭取說話時間的技巧：

第一步：製造契機，小王不按常理出牌，他不僅沒有透過才藝和演說來展示魅力，而且告訴面試官他是個沒有魅力的人。

第二步：引起好奇。在有了契機後，小王反問面試官：「我也不知道這是為什麼？也許這也是一種魅力吧！」讓面試官產生了好奇心。

第三步：回應主題。在挑起了面試官的興趣和好奇心後，小王正式切入了主題：對面試官分享了他的個人經歷。這時的面試官一定很想聽下去，不會打斷他，就算超時了，相信面試官也不會計較。於是小王用這三步成功地為自己爭取到時間。

我們常常會遇到對方不願意給我們足夠的時間說話、只給極短的時間，甚至不給時間的情況，比如情侶吵架時常常會說：「我不想聽！」在這種時候，你一定要知道，爭取時間才是最重要的，有了說話的機會，說的內容自然能順其自然地表達出來。

說話的目的是溝通，有輸出就要有接收，我們「長話短說」地搶著把話說完了，對方卻沒有接收到，那麼我們之間就沒有溝通，我們說的話也不會有任何效果。

值得注意的是，爭取時間的技巧不一定適用於所有的場合。只能在時間有限或者對方不給我們機會說話的時候使用。如果遇到火災、事故等緊急情況，我們就要「長話短說」，用最簡潔的話把事情交代清楚，這樣才不會耽誤上述緊急情況的處理。此外，如果我們要使用爭取時間的技巧，就要保證自己說的話言之有物。如果我們已經吸引住別人的目光，卻說出一些沒什麼重點的話，那樣還不如不說。總之，爭取時間的技巧能幫我們有說話的機會，我們要善用這個技巧，把握好說話的機會，用自己的魅力打動別人。

怎麼請人幫忙不被拒絕？

倩倩憤憤不平地質問小美：「為什麼一樣是朋友，每次我找你幫忙時，你都找藉口拒絕，但梅梅找你幫忙時，你就有求必應呢？還是說你根本沒把我當你的朋友？」

被朋友這樣抱怨，小美也感到很無奈。對待朋友，她其實是挺願意幫忙的，但每次倩倩找她幫忙時，都不像是「拜託她」，反而像個主管一樣，喜歡指揮她做一些她不願意的事。而梅梅就不一樣。

比如，梅梅喜歡一個叫陳杰的男孩，她會這樣對小美說：「禮拜日我們休息時約幾個男生去唱歌吧，你能不能順便幫我約陳杰？我想跟更認識他。到那天，我也想介紹幾個朋友給你認識。」但同樣的事情，倩倩就不會採用這樣的方式，她會這樣說：「小美，我想認識那個陳杰，你幫我約一下對方，一定要約出來哦！」然後就纏著小美，直到小美答應為止。

再比如，當梅梅被公司安排去拜訪一位重要客戶時，她想讓資歷較深的小美陪她去，梅梅就會這樣說：「這個客戶你以前也有接觸過，這次是個難得的機會，不如我們一起去拜訪對方吧！這樣，你也可以順便和他們維繫感情。」但倩倩慣用的伎倆就是：「小美，這個客戶我根本不熟，我不想自己去，你跟我一起去！」這樣撒嬌賣萌的招數用得多了，以至於小美一聽到這樣的語氣就覺得刺耳，感覺自己就像是倩倩的保母似的，所以她的第一反應就是拒絕。

久而久之，身邊的朋友都對倩倩感到厭煩。尤其是小美現在只想躲著她，因為她就像個巨嬰一樣，不停地指揮別人替她做事；反之，梅梅卻像是一個並肩作戰的合作夥伴，所以她每次提出請求小美都不會拒絕。

你看，同樣是請別人幫忙，可是表達的方式不一樣，得到的效果就不一樣。這便是語言的魅力。在生活中，我們難免會遇到一些難題，需要尋求別人的協助，有些人因為懂得溝通技巧，提出請求後對方總是難以拒絕，而有的人卻因為表達的方式不對而屢屢碰壁。

大家不妨回想一下，當你在日常生活中尋求別人幫助的時候，都是怎麼說的呢？每一次，你都能成功獲得別人的幫助嗎？下面的溝通技巧，或許可以幫助你在尋求協助時永遠不被拒：

◎讓你的求助對象覺得你是「自己人」

在請人幫忙時，我們應設法營造出一種「自己人」的感覺。即讓對方認為你們是同一個陣線的，需要團結在一起才能捍衛團隊利益。而出於團隊合作精神，人們潛意識裡會出於本能地維護自己的權益。

◎給足對方面子

在向別人尋求幫助之前，我們不妨給對方足夠的面子，讓對方覺得幫了你也有助於維持良好形象。這種方法就是運用了人們的虛榮心理，先讓人內心飄飄然，然後再找到一個合適的時機說出我們的請求，讓對方不好意思拒絕。

比如說，當人們被問及「是否願意做一名助人為樂的榜樣」時，其表現出的行動力會明顯大於「你是否願意幫助有困難的人」。這就好比，你對一個五歲的孩子說「你是媽媽的好幫手」時，孩子就會非常高興並擔任小幫手來幫你做一些力所能及的事情；反之，當你說「果來幫媽媽一下」這樣的話時，孩子可能就不是很願意，甚至心不甘情不願。

◎向你求助的人勾勒一個美好的前景

我們在求助於他人時，不妨事先向求助對象說明他提供幫助後所帶來的一些效益，讓他能清楚地看到自己助人行為所產生的作用，這樣便可以提高對方的意願。

例如：「如果你幫我一起完成這份企劃書，下次公司的例會上，我們合作的這份企劃書肯定會成為全公司的焦點，並吸引到總經理的注意！」像這樣的美好前景先說出來，將能吸引對方答應你的請求。

總之，掌握了正確的說話技巧，向人求助將不再是難事！

面試被問離職原因，怎麼答？

跳槽是職場中十分常見的現象，但跳槽的原因卻關係著之後就業的成功與否。幾乎每家企業在面試時都會詢問「你跳槽的具體原因是什麼」這個問題。為什麼這是敏感話題呢？因為我們始終不知道如實回答和胡編亂造哪個更能贏得面試官的好感與認可。

離職的原因很多，五花八門什麼原因都有。比如：學非所用、通勤時間太長、生病、出國、同事關係不和等原因。如果你的離職原因是生病、結婚之類的，那麼你儘管照實說，這絲毫不會影響企業對你的評價與第一印象。但並不是所有的原因都可以照實說，比如說同事關係不和睦等，這樣的原因最好不要說，因為新公司會擔心你會在日後出現同樣的問題，給公司添麻煩。

阿飛就因為這樣的離職原因而導致了面試失敗。

阿飛在一家小企業做了兩年銷售，雖然在此期間他的工作一直都很努力，業績也很不錯，但他因為個性一直和自己的主管長期不和，最終忍無可忍的他離開了公司。後來，花了一段時間的調整心態後，他參加了一家公司的求職面試。

在面試時，面試官照慣例問他：「你為什麼從上一家公司離職呢？」阿飛認為沒有什麼好隱瞞的，於是就選擇了實話實說。結果很不幸，他沒有錄取成功。因為在面試官看來，一個用了兩年時間都沒有將人際關係處理好的銷售，交際能力一定不怎麼好，這樣的人若進了新公司，恐怕也會犯同樣的錯。

吸取了這次失敗的教訓後，阿飛在接下來的幾場面試環節中把離職原因全部說成了「薪水太低」，結果他還是沒能成功。因為薪水太低也是面試官所忌諱的，他們會認為，這樣一個只在乎薪水待遇如何的人，一旦面臨其他公司的高薪誘惑，將有可能再次跳槽。

事實上，幾乎所有的企業都想從你離職的原因中來快速了解一些相關的資訊，並透過這些資訊來對面試者做出一些簡單的判斷。因此，我們在面試環節中回答「離職原因」這個問題時，一定要避開較敏感的部分，不要輕易留下可供猜測的空間與餘地。

在面試的過程中向面試官描述離職原因時，一定要三思而後行，避免讓面試官對你產生一些不好的印象。

當然，我們也不能因此就用一些「私人原因」來搪塞面試官，那樣做只會讓面試官認為你個人品性有問題。所以，最好的做法就是利用離職的原因來自抬身價，讓面試官因此而對你產生好感。雖然像這種很主觀的問題，並沒有一個完美而標準的模式供我們參考，但只要我們認真揣摩面試官的喜好與心思，投其所好去回答面試官的提問，相信一定會給對方留下一個良好的印象。

不合理的請求，怎麼婉拒不傷和氣？

對一般上班族來說，最期待的莫過於週五的下班時刻了。當即將下班的那一刻，你正沉浸在晚上通宵看球賽、週六早上睡到自然醒的幻想中時，一陣不合時宜的電話鈴聲打斷了你，你的內心是什麼感受？尤其是接起電話後，對方用一種略帶焦急的語氣對你說：「大哥，幫我個忙！明天我值班，但我女朋友的父母要來吃飯，我得去接他們。所以你明天能幫我去公司值班嗎？拜託拜託啦，改天再請你吃飯！」你還沒來得及回答，對方已經掛掉電話，於是內心略有不快的你，只好無奈地對著空氣笑笑。

相信很多人都經歷過類似的場景吧！在生活中，我們經常會遇到一些不合理的請求，大部人可能會把拒絕別人的不合理請求當成一件簡單的事情，其實不然，如果拒絕的方式不對，就很可能對對方造成傷害。事實上，不傷和氣地拒絕別人的無理要求，也是十分考驗溝通技巧的。高情商的人通常在拒絕他人時懂得隱晦表達出自己的意思，不但會顧及對方的顏面，同時也會替自己留好退路。

著名作家錢鍾書因作品《圍城》享譽國際，但是他生性淡泊，不喜追名逐利之事。有次，一位外國的讀者很想親自去拜訪他，想表達自己滿滿的崇拜之情。但錢鍾書卻拒絕了，不過他的拒絕方式就和他的作品一樣充滿了幽默與智慧，他說：「如果你吃了一個蘋果很好吃，難道你就要去看那棵蘋果樹嗎？」

拒絕別人，其實並不難。難就難在如何讓自己的拒絕之詞大方得體，讓對方心甘情願地接受，這才是最重要的。那麼怎樣才能不傷和氣地拒絕別人的無理請求呢，以下幾點值得參考：

◎在拒絕之前先聽對方把話說完

如果想讓對方接受我們的拒絕，首先就要學會傾聽。不管對方提出什麼要求，哪怕是不合理的，都要耐心地聽對方說完自己的請求與理由。也只有先了解了對方的請求，我們才能在思考後給出對方答覆，即便最終的結果是拒絕，至少我們還是給了尊重。

◎拒絕不能太直接

拒絕的話說出來容易，但也是需要技巧的，切不可過於直白，應使用一些暗示法、替代法等。比如，當對方找你借錢時，你就可以用暗示的方式來回答：「我最近手頭比較緊，也不太寬裕呢！」這種拒絕方式要比直接把「不」字說出來更容易讓人接受。

◎採用拖延戰術

有些人可能會因為拒絕的方式過於直接，反而在心裡認為你不近人情，進而對你心生不滿，而你也會因此樹敵。所以，遇到這樣的情況，我們先不要急著拒絕或答應，不妨選用拖延戰術，讓時間來淡化一切。

◎避實就虛

在面對他人過分的要求或一些難以回答的問題時，我們還可以避重就輕，既不說「是」也不說「否」，把事情先擱置在一旁，並採用顧左右而言他、轉移話題的方式來分散對方的注意力，或者用一種詼諧幽默的方式一笑而過。

例如，上班尖峰時段，買早餐的客人非常著急地說：「我都在這裡排隊 10 幾分鐘了，你們動作快點。」早餐店阿姨莞爾一笑地說：「我已經在這裡站了 10 多年了。」這樣一句簡短而幽默的話，輕而易舉就化解了衝突。

◎先退後進

什麼是先退後進？意思就是在別人提出請求時，先不要把反對的意見說出來，而是先退一步附和對方的觀點，等對方表達完之後，再有針對對方提出的要求合理的拒絕。此種方法特別合適於用於拒絕權威性人士的意見。

◎向對方提出合理建議

正所謂「當局者迷，旁觀者清」。在向對方解釋為何無法提供幫助的原因時，可以趁機給對方一些合理的建議，並給予正確指引。以此來彌補拒絕對方時對他造成的不便，讓對方心裡平衡一點。

很多人在拒絕他人時，內心都會感到不好意思，但說「不」是你的權利，且你拒絕的只是別人的請求，這並不會對你和對方之間的關係造成影響。所以我們可以善加運用上面的這些方法與建議，讓拒絕變得更輕鬆愉悅。

如何讓對方「收回愛」？

愛情是一件十分美好的，常常讓人為之神往。許多人在遇到有眼緣、心動的對象時，往往都會努力地去追求對方。但如果追求你的人、愛你的人不是你喜歡的類型時，你該如何拒絕呢？倘若你的拒絕並沒有使對方退縮，反而固執地表明要等你回心轉意，你又該怎樣做才合適呢？

相信很多人都經歷過類似的困擾。雖然愛情讓人感到幸福，但前提也要兩情相悅。如果愛你的人恰巧也是你所仰慕的人，那這樣的心意對你來說就是幸福的；反之，如果愛你的人並不是你傾心之人，甚至你還有點討厭他，那你肯定體會不到幸福感，或許還會認為這是一件麻煩的事，因為這份你並不需要的愛為你平白增添了許多精神負擔。

愛一個人是沒有對錯的，別人愛你、向你求愛，這本身沒有錯；你不喜歡、拒絕別人的愛，這也沒錯。最關鍵的是在面對自己不喜歡的人的心意時，如何將自己的拒絕表達得恰到好處，如何讓對方不失體面地「收回愛」。如果我們簡單粗暴地拒絕別人，那就可能會傷害到對方，同時也會給自己帶來一些負面的影響。

其實，拒絕異性求愛的方式有很種，從形式上來說，我們可以用傳訊息或當面交談。但不管採用什麼方式來拒絕，一定要拿捏好分寸才行。以下幾點建議，可供參考：

◎直言相告，以免誤會

若在自己已經有伴侶的情況下遇到追求者，我們不妨明確告訴對方真相，讓對方放棄。

◎坦白回應，好言相勸

若確實不想和對方有進一步的發展，或者因其他因素而必須拒絕他人時，那就坦白告知並好言勸慰對方。

◎婉言謝絕

倘若真心不想接受追求者，可以在尊重對方的前提下，婉言謝絕對方的心意。婉言謝絕的好處就在於可以照顧對方的自尊心。因為他們都是克服了極大的心理障礙才鼓起勇氣向你表達心意的。一旦被拒絕，內心肯定不好受，甚至採取一些偏激的手段。所以，這種情況下拒絕追求者時，態度上就要表現得真誠，這樣才不至於傷害太深。比如，你可以試著這樣說：「我覺得我們的性格和喜好完全不同，恐怕不太合適在一起。」、「你是個很優秀的人，我很欣賞你，但僅止於朋友的情誼。」、「目前我的心思全部放在工作上，沒有時間來考慮這些。」

◎冷淡、果斷

如果面對的是那種死纏爛打的求愛者，我們在拒絕時態度就得表現得冷淡、果斷。用簡潔扼要的話表達我們的態度就好，千萬不要拖泥帶水讓追求者產生一些誤會或遐想，更不要讓對方覺得自己還有希望。

要知道，別人愛你並沒有錯，如果你不接受別人的心意，也千萬不能傷害別人。

發現主管決策錯誤，怎麼辦？

俗話說：「金無足赤，人無完人。」在職場上誰都不可能做得十全十美，哪怕是自己的上司或主管也不例外。發現主管決策錯誤，怎麼辦？相信任何一個有責任心的下屬都不會視而不見，出於保護公司利益的立場，他們會在發現主管出錯時，提出合理的建議。

但並不是所有的「直言進諫」都能有理想的效果。上司也需要維持自己上位者的威嚴。倘若你不顧忌上司的面子，直白地指出他的錯處，上司當然不可能虛心接受指教。如果我們換個角度，讓「直言進諫」以一種更委婉的形式呈現，相信上司不僅會對你的進諫欣然接受，同時還會對你另眼相看。

總之，當發現上司決策錯誤後，我們確實應該適時地提醒上司，給上司一些建議。但我們在提醒上司的時候，務必採用正確的說話技巧。

下面先來看一個案例。

曾浩在大企業擔任總經理助理。他的上司總是喜歡插手生產技術部門的工作。因為技術出身的他，總認為自己專業的技術知識與多年的經驗能幫部門處理各種狀況。久而久之，生產技術部門的員工對總經理喜歡插手部門的事怨聲載道。而這樣的局面，也導致身為助理的曾浩在推進工作時遇到許多阻礙。

於是，經過內心激烈的天人交戰後，曾浩決定向總經理提出一些合理的建議，以改善這種情況。經過了反覆的考量和深思熟慮後，他這樣對總經理說道：「您的專業技術是我們全公司所有員工學習的榜樣，但在管理方面，可能要適時學會放手。如果您一直不肯放手，下面那些技術人員又怎麼能進步呢？」聽完曾浩的話，總經理陷入了長久的沉思中。

後來，總經理果然開始改變。他更精準地安排了自己的時間精力，並逐漸將管理權下放給生產技術部門。而當總經理放權後，生產技術部門的工作效率也大大的提升，曾浩的工作也因此越來越順利了。

聰明的下屬，都懂得運用一定的語言技巧，委婉地向上司提建議。下面幾種給上司提建議的可行方法，或許可以幫助到大家：

◎多獻「可」，少加「否」

身為下屬，在向上司直言進諫時，不妨多獻「可」少加「否」。這裡的「可」與「否」代表了不同的兩層含義，一種是鼓勵下屬從積極正面的方向來向上司表達自己的建議；另一種是不要採用直接否定的詞或語句去反駁上司的觀點。也就是說，為了避免在闡述觀點時與上司產生衝突，我們最好是採用迂迴變通的方式去向上司提建議。

◎兼顧上司的立場

在直言進諫的時候，不僅要從公司的發展前景、利益規劃等方面去考慮，還要學會換位思考，站在上司的角度與立場上去想問題。這樣做的好處就是不僅沒有完全否定上司的錯處，反而更容易被上司接受。

◎以虛心為本

虛心能給人一種誠實可信的真誠感，在向上司諫言時我們不妨在態度上虛心、真誠一些，千萬不要狂妄自大，因為指出錯處就流露出一種高高在上的優越感。

◎選擇一個好時機

所謂機不可失，失不再來。不管做任何事情，時機都是非常重要的。在向上司提建議之前，我們不妨選擇一個好的時機，來幫助我們更順利達成目的。比如，飯桌上、上下班途中，或者工作休息的間隙等，這些場合都是可以的。

總之，我們一定要知道：在對上司提意見時，一定要注意自己的用詞，拿捏好分寸。因為你只是提供意見給上司而已，具體決定權還是在上司手中。

道歉怎麼說才會被原諒？

有些人犯錯後，沒有意識到道歉的重要性或是沒有及時道歉，就會與對方產生矛盾和隔閡。

然而，道歉並不意味著簡單地說一句「對不起」，用正確的方式去表達歉意，才可能換來別人的諒解。下面為大家列舉道歉應當遵循的 5 大原則：

◎在恰當的時間和地點道歉

我們在道歉的時候，要注意選擇恰當的時間和恰當的地點。

通常對方心情好的時候就是我們道歉的最好時機，因為「人逢喜事精神爽」，此時，對方更容易接受我們的道歉。在地點上，我們最好選擇一個相對安靜的環境，雙方才能心平氣和地化干戈為玉帛。

◎選擇恰當的道歉方式

道歉的方式有很多種，我們在道歉時要根據不同的情況用不同的方式來致歉。

如果我們是在工作中犯錯，那麼我們就應該從相應的工作或職位角度去構想如何道歉。比如，上司因為工作原因冒犯了下屬，就不能從個人角度向對方道歉，而是應該站在工作的立場，從管理者的角度向下屬致歉：「對不起，上午是我說話太粗魯了。我們都是為公司好，雖然我們的立場和觀點不同，但是我不應該對你說那樣話，身為你的上司，我應該更寬容。」相信當上司這樣說的時候，一定能有很好的效果，使上下級關係更加融洽。

如果我們是因為自己原因犯錯時，那麼就應該以個人身分去道歉，並選擇一個適當的方式，讓道歉顯得更有誠意，。

◎道歉用語要注意用詞

我們向他人道歉時，不僅要用誠懇的目光注視著對方，而且盡量語氣溫和、態度誠懇、不卑不亢，同時要注重禮節，不可帶著挑釁的口氣，否則只會適得其反。

比如，我們對對方感到愧疚，就應該說：「非常抱歉」、「深感歉意」等；我們想要獲得對方的諒解，就應該說：「請原諒」、「請您包涵」等；我們妨礙到了對方，就應該說：「不好意思」、「打擾了」等。當我們表達清楚後，對方也表示諒解了，就不要再重複表達了。

◎道歉內容要具體

我們在道歉時不能輕易帶過自己犯的錯，而是要向對方清楚地指出自己的錯處，並主動承擔相應的責任。比如：「昨天的事情，是我不對」、「我不該用那種口氣說話」、「我不該未經你同意就說出來」等。

道歉的主要目的是為了獲得對方的諒解。以上為大家列出了道歉的幾大原則，希望對大家有所幫助！

如何開口向老闆提加薪？

小汪大學畢業後在一家商貿公司上班，因為這是他的第一份工作，所以他很珍惜，也非常努力。老闆非常欣賞他的工作態度，經常誇獎他，但就是沒有提到加薪的事。

有一次，他無意中得知與他同期的同事早就加薪過兩次，現在的薪資比他多出不少，他覺得很不平衡，因為在工作能力上那位同事並不如他。於是他開門見山地向老闆表達了自己的不滿，並直接要求老闆幫自己加薪，否則他就辭職。

可是老闆並沒有答應他加薪的要求，從那之後小汪工作不再積極，不再像以前那樣拚命了，開始敷衍了事。

對自己的薪水不滿意時，該主動出擊嗎？如果我們想向老闆要求加薪，到底應該怎樣做呢？

幾乎所有的人在主動要求加薪的時候都是尷尬又緊張的，因為這件事不是輕而易舉就能做到的。有過類似經驗的人，都有過以下三種心理負擔：

1. 如果被拒絕了，該怎麼辦？

2. 應該怎樣開口？老闆又會怎麼說？

3. 如果他刻意刁難，該怎麼辦？

以上三種心理負擔，幾乎使所有要求加薪的人望而卻步。

究竟有沒有哪種方法，既能減輕我們的心理負擔，又能幫助我們達成願望呢？

或許我們可以在以下幾個方法中找到問題的答案。

◎直接向老闆提出辭職

注意，使用這種方法的人一定要有與老闆談判的「本錢」，也就是說前提必須是：我們的工作能力非常出眾，而且老闆又非常欣賞我們。要特別注意的是，這樣的方法只適合用一次，絕不能次次如此，因為這種伎倆用多了，會讓老闆覺得我們是在威脅他。

此外，如果我們的表現一直都很普通，就不要嘗試這種方法了，因為老闆也許正有此意，假如我們自己提出來了，那麼老闆可能會順水推舟辭退我們，並將辭退解釋為是尊重我們的意願，反而讓你有苦說不出。

◎打鐵趁熱

打鐵趁熱是指我們應該趁著最有利的時機提出加薪的要求。比如：我們剛剛超額完成了公司要求的銷售目標，就可以委婉地、用開玩笑的語氣提醒老闆該加薪升遷了，此時，老闆一般不會拒絕我們的加薪要求。即便老闆當時沒有答應，也會給他留下深刻的印象。

◎獅子開口

所謂的獅子開口，就是指我們在要求加薪的時候，可以把標準提得比實際預期的更高一些，這樣有助於達成我們的真實目的。比如，如果我們想加薪30%，那麼我們就要對老闆提出加薪50%的要求，也許一番權衡協商之後，或許我們還能得到想要的薪資。不過，在使用這個方法時，切記不可過於貪心。

◎盡情表功

如果我們的工作能力在公司中只算得上中等程度的話，那麼我們就要運用「盡情表功」的方法向老闆亮出自己的功勞。在使用這個方法前，我們要把以前所有做過最有意義和最不尋常的工作列舉出來，然後再向老闆誠懇地提出自己的要求。

◎旁敲側擊

這個方法不像以上四種那麼直接，而是用比較委婉的方式，從旁打探老闆的心思，讓他間接明白我們的意思。具體來說，旁敲側擊的方式有很多，比如我們可以在公司聚餐的時候，在老闆祕書面前不經意地提起有獵頭公司打電話給自己，或者拿一份行業薪資調查報告給老闆看等等。

以上為大家提供了幾種實用的向老闆提加薪的方法，下一次，當你覺得自己的薪水還有提升的空間時，你不妨按照上面的方法，找老闆談談看。

別人的好意，該怎麼拒絕？

生活中，我們常常會面對來自他人的好意，有些好意我們可以坦然受之，而有些好意我們卻並不願意接受。比如，有人想請我們吃飯，但我們卻太累不想應酬；有人想介紹朋友給我們認識，而我們卻並不願意社交。面對這樣的好意，如果接受會讓自己為難，如果不接受又有可能傷害到對方。此時，究竟怎樣的婉拒方式才能達到兩全其美的效果呢？

尤其是當我們在謝絕一些來自上司、長輩的好意時，一方面要維護對方的面子、不讓對方沒有臺階下，另一方面又要讓對方心平氣和地接受我們的拒絕，這確實非常地考驗我們的溝通技巧。

事實上，只要掌握了方法，要委婉地拒絕並不難。首先在謝絕別人時，要明白別人是一片好心，所以我們的態度一定要委婉，不能太冷漠或太直接，以免傷害別人；其次，拒絕的態度一定要端正，要在表示感謝的基礎上再表達自己的拒絕，並強調自己無法接受好意的遺憾和歉意。

下面案例中的小劉就非常懂得「謝絕之道」。

小劉所在的公司最近要進行人事調整，公司副總準備把小劉調到市場部，這和小劉本人的想法不謀而合，他自己也非常想進入市場部。但是業務部的張經理卻想讓小劉去業務部，因為他對小劉的能力十分欣賞。張經理熱情地邀請小劉，還讓他去隊副總說自己想加入業務部。面對張經理的好意，小劉感到很為難。

回家後，小劉心情不好，就打電話給朋友抱怨。朋友了解情況後對小劉說：「別煩了，我幫你想辦法，保證你能順利謝絕張經理，還不會得罪他。」

過了一週，小劉在副總的安排下進入了市場部，他跟張經理是這麼說的：「非常感謝您的賞識，但是我這方面的經驗還稍嫌不足，怕到業務部後丟您的臉，所以想先到市場部歷練歷練，再磨練一下。」張經理只好說：「這樣啊，那也好，你在哪裡待著都很好，不用拘泥於部門。」小劉連連點頭。

小劉的朋友為他出了一個好主意。小劉本人的意願是到市場部工作，他當然要謝絕張經理的好意邀請，不過他謝絕張經理的理由是自己經驗不足，還不能勝任業務部的工作，既沒有把話說死，完全拒絕張經理的部門工作，又為張經理保留面子。而張經理看到小劉已經進入市場部，也就不會再提讓他進業務部的事了。

從這個案例中我們可以得到一些提點：謝絕對方時，要替對方留一個臺階，也要耐心地聽對方把話聽完，想好策略再婉拒對方，這樣就不會讓對方難堪。

謝絕對方好意的時候，我們可以先表達自己的感謝再拒絕對方，要注意拒絕的態度一定要堅決，最後再表達自己的歉意。比如：「你邀請我去看電影，我很開心。但是我的外婆最近住院了，週六我必須去探望她。我很感謝你能邀請我，下次有機會我請你吃飯。」

還有一點就是，謝絕的話不要說得太死，我們可以用迂迴和拖延的方式來回應，把「不行」換成「下次吧，有機會再約」。這樣留有餘地的謝絕，能讓對方明白我們的意思，也不會感覺太沒面子。

謝絕對方的好意時，我們的用詞要溫和誠懇，不要流露出厭煩的感覺，更不能有輕蔑的態度。最關鍵的一點就是，謝絕的話一定要意思明確，千萬不能模稜兩可，因為這樣會讓對方搞不清我們的真實意圖。模糊的態度只會帶來隔閡和誤會，讓我們和對方的關係越來越疏遠。只有用適當的方法婉拒對方的好意，才能讓對方接受我們的謝絕。

電子書購買　　爽讀 APP

國家圖書館出版品預行編目資料

秒回溝通法，搞定 99% 的人際囧境：8 大心理原則 ×4 步驟話術 ×7 大禁區……掌握人際溝通原理，直球對決也可以很得體！ / 鄭小四 著 . -- 第一版 . -- 臺北市 : 財經錢線文化事業有限公司 , 2025.08

面； 公分

POD 版

ISBN 978-626-408-358-4(平裝)

1.CST: 傳播心理學 2.CST: 溝通技巧 3.CST: 人際關係

177.1　　　　114011127

秒回溝通法，搞定 99% 的人際囧境：8 大心理原則 ×4 步驟話術 ×7 大禁區……掌握人際溝通原理，直球對決也可以很得體！

臉書

作　　者：鄭小四
發 行 人：黃振庭
出 版 者：財經錢線文化事業有限公司
發 行 者：崧燁文化事業有限公司
E-mail：sonbookservice@gmail.com
粉 絲 頁：https://www.facebook.com/sonbookss/
網　　址：https://sonbook.net/
地　　址：台北市中正區重慶南路一段 61 號 8 樓
8F., No.61, Sec. 1, Chongqing S. Rd., Zhongzheng Dist., Taipei City 100, Taiwan
電　　話：(02) 2370-3310　　**傳　　真**：(02) 2388-1990
印　　刷：京峯數位服務有限公司
律師顧問：廣華律師事務所 張珮琦律師

定　　價：299 元
發行日期：2025 年 08 月第一版
◎本書以 POD 印製